Einführung in die Wirtschaftswissenschaften

Diese Einführung in die Wirtschaftswissenschaften erfolgt aus klassisch-liberaler Perspektive und aus der der österreichischen Schule. Subjektive Wertschätzung, individuelle Freiheit, freie Märkte und minimale staatliche Eingriffe gelten als Voraussetzung für wachsenden Wohlstand und für eine gerechte Ordnung. Der Schwerpunkt liegt inhaltlich auf der Volkswirtschaftslehre, die Betriebswirtschaftslehre wird berücksichtigt.

Michael von Prollius

Wirtschaftswissenschaften

Ein Leitfaden
aus klassisch-liberaler und österreichischer
Perspektive

EDITION FORUM FREIE GESELLSCHAFT | 7

Verlag: BoD · Books on Demand GmbH
In de Tarpen 42, 22848 Norderstedt, bod@bod.de
Druck: Libri Plureos GmbH
Friedensallee 273, 22763 Hamburg
© 2025 Michael von Prollius
ORCID-iD: 0009-0004-8403-2540
info@forum-freie-gesellschaft.de
Alle Rechte vorbehalten
ISBN 978-3-7693-2317-7

INHALTSÜBERSICHT

«Economics is the study of cause-and-effect relation-
ships in the economy.»

– *Thomas Sowell*

VORBEMERKUNG

Diese Einführung in die Wirtschaftswissenschaften erfolgt aus klassisch-liberaler Perspektive und der der österreichischen Schule. Subjektive Wertschätzung, individuelle Freiheit, freie Märkte und minimale staatliche Eingriffe gelten als Voraussetzung für wachsenden Wohlstand und für eine gerechte Ordnung. Der Schwerpunkt liegt inhaltlich auf der Volkswirtschaftslehre, die Betriebswirtschaftslehre wird berücksichtigt.

Diese Einführung ist ein kleines Experiment.

1. Die Einführung ist so stark reduziert wie möglich und umfasst pro Kapitel nur wenige Kernsätze. Das Ergebnis ist eine skizzenhafte, lexikalische Darstellung – ein Leitfaden.
2. Es handelt sich um eine Einführung, die sowohl VWL als auch etwas BWL zum Gegenstand hat und aus klassisch-liberaler und österreichischer Perspektive verfasst wurde.
3. Die nachfolgende einführende strukturierte Skizze in die Wirtschaftswissenschaften wurde mit Hilfe von GPT-4 verfasst.

Die Einführung ist kein Handbuch, keine umfassende Abhandlung, keine Einführung in die VWL, keine ausgewogene Unterrichtsgrundlage, sie bietet vielmehr einen raschen Einblick in die Wirtschaftswissenschaften in klassisch-liberaler, österreichischer Tradition. In diesem Sinn ist sie der Beginn eines Prozesses, kein unumstößliches Endprodukt.

Möge sich die Orientierung als nützlich und alltagstauglich erweisen sowie einen kleinen Anstoß zum Nachdenken, zum Vertiefen, zum Verändern, Verbessern und Weiterentwickeln bieten. Ich danke für geleistete und freue mich über Anregungen:

info@forum-freie-gesellschaft.de
Berlin, im Dezember 2024
Michael von Prollius

EINLEITUNG

Mit klassisch-liberalen und österreichischen Einsichten durch die Wirtschaftswissenschaften navigieren. Willkommen zu «Wirtschaftswissenschaften. Ein Leitfaden aus klassisch-liberaler und österreichischer Perspektive». In dieser Einführung begeben wir uns auf eine kleine Reise durch das Geflecht ökonomischer Prinzipien und Aspekte der Volks- und Betriebswirtschaftslehre, geleitet von den Perspektiven des klassischen Liberalismus und der österreichischen Schule der Nationalökonomie.

Diese strukturierte Einführung soll sowohl Studenten auf der Suche nach Grundlagenwissen als auch Laien, die die Dynamik unserer Wirtschaftswelt verstehen wollen, eine rasche Orientierung geben, vergleichbar mit einer Landkarte.

Die Perspektive der Freiheit: Klassischer Liberalismus und österreichische Wirtschaftslehre.

Wenn wir die Volks- und Betriebswirtschaftslehre betrachten, im Englischen Economics und Business Administration, wird unsere Perspektive durch die klassisch-liberale Tradition und die österreichische Schule der Nationalökonomie geleitet. Diese Sicht, die auf den Grundsätzen der individuellen Freiheit, der begrenzten Regierungsgewalt und der freien Märkte beruht, fordert manchen Leser heraus, von verbreiteten konventionellen Vorstellungen abzuweichen, um die tiefgreifenden Auswirkungen von spontaner Ordnung, Unternehmertum und soliden wirtschaftlichen Grundsätzen zu erkunden. Die Herausforderung lohnt sich.

Zum Inhalt

Diese Einführung ist in neun Kapitel gegliedert, von denen jedes strukturiert und stark reduziert skizziert wurde, um auf wenigen Seiten ein erstes, rasch zugängliches Verständnis von Wirtschaft zu vermitteln. Von Grundprinzipien der Mikroökonomie bis hin zu wesentlichen Aspekten makroökonomischer Theorien befassen wir uns mit Grundgedanken klassisch-liberalen und österreichischen Wirtschaftsdenkens. Für umfangreiche Ausarbeitungen der Themengebiete gibt es eine Fülle von Klassikern und Lehrbücher verschiedener Schulen.

Kapitel 1 führt in die philosophischen Grundlagen des klassischen Liberalismus und der österreichischen Schule ein und legt den Grundstein für eine gedankliche Reise, bei der die wirtschaftliche Freiheit, der Unternehmergeist und das Wohlergehen eines jeden Menschen im Mittelpunkt stehen.

In **Kapitel 2** werden mikroökonomische Konzepte erörtert. Hervorgehoben werden die Bedeutung der spontanen Ordnung und des Marktprozesses gesteuert durch Preise für die individuelle Entscheidungsfindung sowie das Unternehmertum.

In **Kapitel 3** wird die Makroökonomie durch die klassisch-liberale und österreichische Brille betrachtet. Hier werden Themen wie gesundes Geld, die österreichische Konjunkturtheorie und die Rolle begrenzten Regierungshandelns sowie Handel und sog. komparative Vorteile betrachtet.

Das darauffolgende **Kapitel 4**, Betriebswirtschaftslehre aus klassisch-liberaler und österreichischer Perspektive, schlägt eine Brücke zwischen Theorie und Praxis, indem es den dezentralen Charakter der Entscheidungsfindung in Unternehmen unter Unsicherheit und ethische Überlegungen in freien Märkten thematisiert. Wettbewerb und Humankapital werden betriebswirtschaftlich ebenfalls behandelt.

Kapitel 5 thematisiert das Zusammenspiel zwischen Volks- und Betriebswirtschaftslehre und hebt die Synergie zwischen Unternehmertum und wirtschaftlicher Freiheit sowie individueller Wohlfahrt hervor. Vetternwirtschaft und der Einfluss der Regierungspolitik sowie Freihandel runden das Kapitel ab.

In **Kapitel 6** werden reale Anwendungen und Fallstudien skizziert, die Einblicke in Erfolgsgeschichten, aber auch schädliche Interventionsbeispiele bieten, erneut geprägt durch die doppelte Perspektive. Dieses Kapitel ergänzt die Fallstudien am Ende eines jeden vorangegangenen Kapitels.

Kapitel 7 bietet geläufige Kritik an klassisch-liberalen und österreichischen Prinzipien an, die überwiegend präsentiert und nicht diskutiert wird.

Die abschließenden beiden **Kapitel 8** und **9** enthalten Quellen für weitere Untersuchungen und ein Glossar mit Schlüsselbegriffen. Wer sein Verständnis für die hier skizzierte ökonomische Denkweise vertiefen möchten, findet hilfreiche Referenzen.

Begeben wir uns auf die gedankliche Reise

Lassen Sie uns gemeinsam durch diese Einführung navigieren und uns mit den tiefgründigen Ideen und zeitlosen Prinzipien auseinandersetzen, die das wirtschaftliche Denken kluger Menschen seit zwei Jahrhunderten geprägt haben. Ob Sie ein Student sind, der seine akademische Laufbahn beginnt, ein Schüler mit Interesse an Perspektiven, die das ganze Leben bereichern können, oder ein Laie, der die wirtschaftlichen Kräfte, die tagtäglich im Spiel sind, verstehen will – diese Einführung ist ein Leitfaden in Form einer minimalistischen Skizze, um ausgewählte essentielle Aspekte vor allem der Volks-, daneben auch der Betriebswirtschaftslehre auf der Grundlage der klassisch-liberalen und österreichischen Tradition zu betrachten. Allen Fachkundigen bin ich für künftige konkrete Verbesserungsvorschläge dankbar.

Wenn Sie bereit sind, können wir gemeinsam starten.

1. EINFÜHRUNG

in die Wirtschaftswissenschaften aus Sicht der klassisch-liberalen
und der österreichischen Schule

1.1 Die Philosophien der klassisch-liberalen
und der österreichischen Schule

1.1.1 Grundlagen des Klassischen Liberalismus

Der klassische Liberalismus ist eine philosophische Tradition, die auf die Aufklärung zurückgeht. Der klassische Liberalismus vertritt die Grundsätze der individuellen Freiheit, einer begrenzten, dem Recht unterworfenen Regierung und der freien Märkte. So wie er in den Schriften von Denkern wie John Locke, Adam Smith und John Stuart Mill verwurzelt ist, gehen Klassisch-Liberale davon aus, dass der Einzelne über angeborene Rechte und Freiheiten verfügt, die von einer Regierung mit begrenzten Befugnissen geschützt werden sollten. Das Vertrauen in die selbstregulierende Natur freier Gesellschaften und Märkte als spontane Ordnungen bildet ein Fundament. Damit verbunden ist die Überzeugung, dass der freiwillige Austausch zwischen Individuen ohne Privilegien zu wirtschaftlichem Wohlstand und bestmöglicher, aber nicht perfekter sozialer Harmonie führt. Das schließt Frieden ein, ohne dass ein konfliktfreies Miteinander möglich wäre.

1.1.2 Die österreichische Schule: ein dynamischer Ansatz
für die Wirtschaft

Die österreichische Schule der Wirtschaftswissenschaften, die ihre Wurzeln in den Werken von Ökonomen wie Carl Menger, Ludwig von Mises und Friedrich A. von Hayek hat, bietet eine besondere Sichtweise auf wirtschaftliche respektive politikökonomische Phänomene. Die österreichische Schule betont die Bedeutung des menschlichen Handelns und der subjektiven Präferenzen; ihre Vertreter konzentrieren sich auf die dynamische und sich ständig verändernde Natur des Marktes als dezentraler Prozess. Die österreichische Betonung von Unternehmertum, Ungewissheit und der Rolle des Wissens bei der Entscheidungsfindung bietet eine einzigartige Perspektive innerhalb des wirtschaftlichen Denkens. Österreicher sind skeptisch, was politische Interventionen und wirtschaftliche Steuerungsversuche betrifft, nicht zuletzt von Makrogrößen wie Arbeit(slosigkeit), Zinsen, Angebot und Nachfrage; sie betonen das begrenzte Wissen sowie die unbeabsichtigten Konsequenzen.

1.1.3 Überschneidende Themen und divergierende Pfade

Während der klassische Liberalismus und die österreichische Schule in Bezug auf Grundsätze wie individuelle Freiheit und begrenzte staatliche Eingriffe erhebliche Gemeinsamkeiten aufweisen, unterscheiden sie sich u. a. in ihren methodologischen Ansätzen. Klassische Liberale würden utilitaristische Argumente für freie Märkte anführen, während Österreicher die subjektive Natur des Wertes und die Grenzen der wirtschaftlichen Planung betonen. Zugleich lassen sich Österreicher dem klassischen Liberalismus zuordnen, auch wenn sie selbst erst in der Dekade ab 1937 herausfinden mussten, dass sie sich von der Klassik der Wirtschaftswissenschaften unterscheiden. Es gibt Befürworter beider Denktraditionen, die weitere Schulen hinzuziehen, darunter die Virginia School mit ihrem politikökonomischen und verfassungsrechtlichen Erkenntnissen, die Public Choice Schule, Anhänger eines Sonderwegs auch den Anarchokapitalismus.

1.1.4 Die Rolle des Staates im klassischen Liberalismus und in der österreichischen Ökonomik

Beide Traditionen plädieren für eine lediglich begrenzte Einmischung des Staates in wirtschaftliche Angelegenheiten, aber ihre Begründungen und spezifischen politischen Empfehlungen können sich unterscheiden. Klassische Liberale betonen häufig den Schutz von Eigentumsrechten und die Rechtsstaatlichkeit, während die österreichische Schule die Unmöglichkeit zentraler Planung betont (sozialistische Kalkulationsdebatte) und vor begrenztem Wissen warnt sowie eine spontane Marktordnung als Mechanismus für die Ressourcenallokation thematisiert. Beide verbindet häufig das Eintreten für einen Minimalstaat, der vor allem hoheitliche Aufgaben wahrnimmt. Wenn Ökonomen Marktversagen diagnostizieren, sehe sie diese in der Pflicht, auch Staatsversagen zu untersuchen. Beide sehen im Staats- wie im Privatsektor private Präferenzen als handlungsleitend an und nicht das öffentliche Interesse, das für Angehörige des Staatssektors als Alleinstellungsmerkmal häufig herausgestellt wird.

Im Unterschied zur (Neo)Klassik berufen sich Österreicher auf eine universale Theorie menschlichen Handelns, den handelnden Menschen homo agens statt den homo oeconomicus, und damit einen Wissen schöpfenden, kreativen Unternehmer als Protagonist im Marktprozess. Zudem betonen sie die Bedeutung von subjektiven Informationen und Wissen, das dezentral verstreut ist und koordiniert werden muss, ferner, dass Wissen und auch Kapital organisations- und branchengebunden sind, schließlich, dass Märkte als Entdeckungsverfahren Ausdruck dynamischer Komplexität sind.

1.1.5 Zeitgenössische Anwendungen und Kritiken

In den heutigen Wirtschafts- und Politikwissenschaften beeinflussen die Grundsätze des klassischen Liberalismus und der österreichischen Schule nur marginal politische Debatten und wenn, dann vor allem in den USA sowie personenabhängig in einigen Staaten, aktuell teilweise in Argentinien mit Präsident Milei. Historisch hat Ludwig von Mises Einfluss auf die Wirtschaftspolitik der Zwischenkriegszeit in Österreich ausüben können. Margret Thatcher und rhetorisch auch Ronald Reagan wurden von Friedrich A. von Hayek und Milton Friedman inspiriert. Letzterer war medial, auch im Fernsehen, weltweit präsent.

Drei aktuellere zeitgenössische Beispiele dienen der Illustration.

Anwendungen

A. **Deregulierungen** in der Technologiebranche: Ausgehend von klassisch-liberalen Prinzipien plädieren Politiker und Fachleute für minimale staatliche Eingriffe in den Technologiesektor, um Innovationen zu fördern, genauer: um ihnen freien Lauf zu lassen, darunter im Fintech Bereich. Unternehmen wie Google und Facebook, zuvor der Telekommunikationssektor (aktuell 5G), haben wie die Kunden davon profitiert. Die Bedeutung von Wettbewerb und Unternehmertum werden angesichts von Regulierungsstreben betont. In Deutschland sind es traditionell Mittelstandsunternehmen mit wenig bekannten Weltmarktführern, die aufgrund von Überregulierung und Bürokratismus allerdings neue Standorte suchen. In den 1980er Jahren wurde u. a. die Post und, davon abgespalten, die Telekom privatisiert.

B. **Kryptowährungen** und österreichische Ökonomik: Der Aufstieg von Kryptowährungen, wie z. B. Bitcoin, spiegelt eine Anwendung der Grundsätze der österreichischen Schule wider. Befürworter argumentieren, dass die dezentralisierte Natur von Kryptowährungen mit der österreichischen Betonung der spontanen Ordnung und der Bedeutung von gesundem Geld übereinstimmt und traditionelle Zentralbanksysteme in Frage stellt. Gutes Geld entwickele sich im Wettbewerb und werde gerade nicht durch eine zentrale Behörde bereitgestellt.

C. **Arbeitsmarktreformen:** Angesichts der sich verändernden Dynamik in der Arbeitswelt plädieren Ökonomen und wenige Politiker für eine flexible Arbeitsmarktpolitik, die von klassisch-liberalen Ideen beeinflusst ist. Diese Reformen zielen darauf ab, individuelle Wahlmöglichkeiten und Vereinbarungen zwischen Arbeitgebern und Arbeitnehmern stärker zuzulassen und sich an die Gig-Economy und verändernde Arbeitsverhältnisse durch freie(re) Entscheidungen der Arbeitnehmer und Arbeitgeber anzupassen.

Kritische Anmerkungen

A. Bedenken in Bezug auf **Einkommensungleichheit:** Kritiker argumentieren, dass die Anwendung klassischer-liberaler Prinzipien die Einkommensungleichheit verschärfen kann, da lediglich minimale staatliche Eingriffe zu einer ungleichen Verteilung von Ressourcen und Chancen führen bzw. diese nicht ausgleichen können. Aus dieser Perspektive wird eine aktivere Rolle bei der Umverteilung von Wohlstand und sozialen Sicherheitsnetzen gefordert. Diese befördert wiederum aus liberaler Sicht selbst Ungleichheit und vermindert Wohlstand.

B. **Ökologische Externalitäten:** Kritiker weisen auf Bedenken hinsichtlich der ökologischen Nachhaltigkeit hin. Ohne Regulierung würden externe Effekte wie die Umweltverschmutzung vermehrt auftreten, was grundsätzliche Fragen zu den ökologischen Auswirkungen unregulierter wirtschaftlicher Aktivitäten aufwirft. Liberale weisen auf die Fähigkeit zur Selbstregulierung im Wettbewerb und die Marktwirtschaft als im Systemvergleich die Umwelt besser schützende Ordnung hin.

C. **Marktversagen** und Wirtschaftskrisen: Skeptiker stellen die Wirksamkeit der Mechanismen des freien Marktes in Frage und verweisen auf historische Wirtschaftskrisen als Beweis für das Versagen von Märkten. Kritiker plädieren für einen interventionistischeren Ansatz, der sich auf alternative wirtschaftliche Perspektiven wie den Keynesianismus stützt, insbesondere in Zeiten des wirtschaftlichen Abschwungs, um langanhaltende Rezessionen und Arbeitslosigkeit zu verhindern. Liberale weisen auf den Interventionismus als Krisenursache und die Notwendigkeit von Bereinigungskrisen hin, um Zombieunternehmen und eine Sklerose der Volkswirtschaft zu vermeiden.

1.1.6 Zwischenfazit

Diese erste Skizze klassisch-liberaler und österreichischer Denkweisen dient als Einstieg und Hinweis auf ausgewählte Aspekte unserer Karte für die begonnene Reise. In den folgenden Abschnitten werden wir uns mit mikro- und makroökonomischen Grundsätzen befassen und aufzeigen, wie diese Philosophien unser Verständnis individueller Entscheidungen, der Marktdynamik und das grundsätzliche Verständnis wirtschaftlicher Tatbestände prägen.

1.2 Wirtschaftliche Freiheit und individuelle Freiheit

1.2.1 Die Verflechtung der Freiheit

Im Mittelpunkt des klassisch-liberalen und österreichischen Wirtschaftsdenkens steht die Auffassung, dass eine symbiotische Beziehung zwischen wirtschaftlicher Freiheit und individueller Freiheit besteht, dass erstere die essentielle Voraussetzung für letztere ist bzw. mit ihr nahezu gleichzusetzen ist. Das Grundprinzip besagt, dass Individuen, die über angeborene Rechte und Freiheiten verfügen, gedeihen, wenn sie über die Autonomie verfügen, wirtschaftliche Entscheidungen frei von (übermäßiger) staatlicher Einmischung zu treffen. Im Lebens- und Arbeitsalltag spielt Selbstwirksamkeit eine zentrale Rolle für ein passendes Leben, für Arbeitszufriedenheit und für den Krankenstand. Selbstwirksamkeit setzt Freiheit und Gestaltungsmöglichkeiten voraus.

1.2.2 Wirtschaftliche Freiheit als Grundpfeiler der Freiheit

Wirtschaftliche Freiheit ist nicht nur ein wirtschaftliches Konzept, sondern eine Säule der individuellen Freiheit. Wenn der Einzelne die Freiheit besitzt, freiwillige Transaktionen zu tätigen, Verträge einzugehen, Unternehmen zu gründen und seine wirtschaftlichen Interessen ohne unangemessene Beschränkungen zu verfolgen, blühen Individuen und eine Gesellschaft auf. Diese Freiheit geht über den materiellen Wohlstand hinaus und umfasst den weiter gefassten Begriff der individuellen Autonomie, der Selbstbestimmung und wirkt sich landesweit aus.

1.2.3 Die Rolle der Eigentumsrechte

In der klassisch-liberalen und österreichischen Tradition werden die Eigentumsrechte als grundlegender Schutz der individuellen Freiheit betont. Das Recht, Eigentum zu besitzen und zu kontrollieren, wird als Erweiterung der eigenen Persönlichkeit angesehen und bildet die Grundlage für wirtschaftliche Transaktionen, das Schaffen von Wohlstand und das Streben nach Glück. Robuste Eigentumsrechte schaffen einen Rahmen, in dem Individuen friedlich koexistieren, Handel treiben und innovativ sein können. Ohne Eigentum kann es zudem keine Privatheit geben, das Leben wird öffentlich und schutzlos.

1.2.4 Spontane Ordnung und die unsichtbare Hand

Im Mittelpunkt der Idee der wirtschaftlichen Freiheit steht das Konzept der spontanen Ordnung. Sowohl die klassischen Liberalen als auch die Österreicher gehen davon aus, dass sich komplexe soziale Systeme, einschließlich der Wirtschaft, ohne zentrale Planung selbst koordinieren und organisch weiterentwickeln. Adam Smiths Metapher der «unsichtbaren Hand» veranschaulicht, wie Individuen, die ihr Eigeninteresse verfolgen, unbeabsichtigt zum allgemeinen Wohl der Gesellschaft beitragen. Diese Perspektive stellt die Vorstellung in Frage, dass eine Steuerung oder eine Kontrolle von oben nach unten für die gesellschaftliche Harmonie notwendig oder gar hilfreich ist. Mit W. H. Hut: «Die große unerkannte Wahrheit ist, dass das freie oder wettbewerbliche System der einzige Koordinationsmechanismus ist, der mit dem Erreichen heterogener Ziele mit heterogenen Mitteln vereinbar ist.»

1.2.5 Die Gefahr des Übermaßes: Staatliche Eingriffe

Klassische Liberale und Österreicher erkennen die Notwendigkeit eines rechtlichen Rahmens an, um Eigentumsrechte zu schützen und eine Rechtsordnung zu gewährleisten, warnen jedoch vor unrealistischen Erwartungen an den Staat und vor staatlichen Eingriffen. Ein übermäßiges und regelmäßig kontraproduktives Eingreifen, so argumentieren sie, kann die Eigeninitiative des Einzelnen ersticken, Marktsignale verzerren und genau die Freiheiten untergraben, die es zu schützen gilt. Wo ein Gleichgewicht zwischen notwendigem Regieren und der Erhaltung der individuellen Freiheit liegen könnte und wie eine dauerhafte Ausbalancierung angesichts von Sonderinteressen und Pressure Groups liegen könnte, ist theoretisch kaum bestimmbar. Eingriffe folgen der Logik der Interventionsspirale, weil gewünschte Ergebnisse nicht erzielt werden, sollen es noch mehr Eingriffe richten, und dem Sperrklinkeneffekt: Interventionen werden nur selten wieder zurückgenommen.

1.2.6 Der empirische Beweis für wirtschaftliche Freiheit

Empirische Untersuchungen belegen, dass Länder mit größerer wirtschaftlicher Freiheit einen höheren Lebensstandard, mehr Innovationen und ein besseres allgemeines Wohlbefinden aufweisen. Das gilt insbesondere auch für die relativ Ärmsten im Ländervergleich wie der *Economic Freedom Index* jährlich zeigt. Praxisbeispiele illustrieren, wie Länder, die der wirtschaftlichen Freiheit Vorrang einräumen, ein Umfeld schaffen, in dem sich der Einzelne entfalten kann, das Wohlstand und persönliche Entfaltung begünstigt. Die Reformen in Großbritannien unter Margret Thatcher, die Rogernomics in Neuseeland, die Währungs- und Wirtschaftsreform in Deutschland 1948, die skandinavischen Wohlfahrtstaatreformen sowie der Wettbewerb zwischen Kantonen in der Schweiz und zwischen Bundesstaaten in den USA illustrieren das genauso wie die Misere weiter Teile der arabischen Welt, der Niedergang von Argentinien und die Problemverschleppungen in vielen westlichen Ländern.

1.3 Die Rolle des Staates in der Wirtschaft: Minimalismus und freie Märkte

1.3.1 Die minimale Vision des Staates

Im Mittelpunkt der klassisch-liberalen und österreichischen Sichtweise steht die Überzeugung eines lediglich begrenzten, vor allem das Recht sichernden staatlichen Eingreifens in die Wirtschaft. Stefan Blankertz hat den Begriff «minimalinvasiv» geprägt. Befürworter argumentieren, dass Regierungen eine minimale Rolle spielen sollten, die sich auf den Schutz der Rechte des Einzelnen konzentriert, die Durchsetzung von Verträgen und die Aufrechterhaltung eines rechtlichen Rahmens, der freiwillige Interaktionen befördert. Die Bezeichnungen lauten dementsprechend «Minimalstaat» und «Minarchismus». Ordoliberale wie Walter Eucken, die dem Neoliberalismus zugerechnet werden, haben explizit Prinzipien formuliert und betonen die Bedeutung der Rahmenordnung, die eine förderliche kulturelle Grundlage benötigt. Eine wesentliche Rolle spielt das Subsidiaritätsprinzip, weiter entwickelt zum Non-Zentralismus (Robert Nef). Es gilt das Primat der Selbstorganisation der Bürger, der privaten Haushalte und der Unternehmen sowie nicht-staatlicher Organisationen, etwa Vereine und Genossenschaften.

1.3.2 Schutz der Rechte des Einzelnen

Klassische Liberale vertreten die Ansicht, dass die Hauptaufgabe des Staates darin besteht, die Rechte des Einzelnen zu schützen – allen Voran der Schutz von Leib und Leben sowie der Eigentumsrechte, ferner der Vertragsfreiheit und des Zugangs zu Berufen, Märkten, Branchen. Rechte werden dabei nicht oder kaum durch einen Gesetzgeber erdacht, sondern entstehen aus der Interaktion der Menschen als bewährte Verhaltensweisen. Die Herrschaft des Rechts bindet alle Menschen ausnahmslos, explizit die Herrschenden, um ein Leben in Freiheit für jeden Menschen zu gewährleisten. Durch die Gewährleistung der Rechtsstaatlichkeit sorgt der Staat für ein stabiles Umfeld, in dem der Einzelne in der Gewissheit, dass seine Rechte geschützt werden, seinen wirtschaftlichen (und allen anderen) Aktivitäten nachgehen kann. Zweck des Rechts ist Frieden, zudem Verlässlichkeit. Das Recht der Freiheit schützt die Freiheit jedes Menschen und regelt Freiheitskonflikte durch allgemeingültige Prinzipien. In der Praxis wird es komplizierter.

1.3.3 Durchsetzung von Verträgen und Wahrung der Rechtsstaatlichkeit

Eine wichtige Aufgabe des Staates ist die Durchsetzung von Verträgen im Konfliktfall. Durch die Pflege eines Rechtssystems, das die Einhaltung von Vereinbarungen gewährleistet, kann der Staat das Vertrauen zwischen Einzelpersonen und Unternehmen fördern (Rechtssicherheit). Staatliche Good Governance ist dafür eine wesentliche Voraussetzung. Rechtsklarheit, Rechtssicherheit und somit erwartbares Verhalten wird dann unterstützt. Diese Verpflichtung zur Rechtsstaatlichkeit wird als wesentlich für das Funktionieren freier Märkte und den Schutz von Eigentumsrechten und Vertragsfreiheit angesehen. In politischer Hinsicht gehört dazu die Rechtsbindung der Regierung einschließlich des Behördenapparats. Das Recht soll und muss für alle gleich gelten. Private Schiedsinstitutionen können das flankieren, mitunter einen Ersatz darstellen.

1.3.4 Marktkräfte und Selbstregulierung

Klassische Liberale und Österreicher argumentieren, dass Märkte, wenn man sie frei agieren lässt, sich selbst regulieren. Die Kräfte von Angebot und Nachfrage, die von individuellen Präferenzen und Entscheidungen geleitet werden, führen zu einer effizienten Verteilung der Ressourcen. Preise sind Informationsanzeiger und signalisieren, welche wirtschaftlichen Aktivitäten lohnenswert sind, wie Güter im Verhältnis zu einander wertgeschätzt werden. Staatliche Eingriffe stören ihrer Ansicht nach diese natürliche Ordnung vielfach, zumal mit Preisbeschränkungen spezifischen (Wähler-)Gruppen geholfen werden soll. Die Eingriffe führen zudem regelmäßig zu unbeabsichtigten Folgen, die ausgeblendet oder nicht erkannt werden. Für Österreicher bildet das Koordinationsproblem die zentrale Frage in wirtschaftlichen Angelegenheiten. Märkte bieten dezentrale, Staatsführungen zentrale Koordinationsmechanismen. Das schließt staatlich gesetzte und durchgesetzte Standards nicht aus, etwa im Bereich der Sicherheit für Gebäude (Brandschutz, Statik).

1.3.5 Kritik an der zentralen Planung

Im Gegensatz zu zentral geplanten oder gelenkten Volkswirtschaften, in denen die Regierung eine bedeutende Rolle bei der Ressourcenzuteilung spielt, betonen die klassisch-liberalen und österreichischen Traditionen die Grenzen einer solchen Planung bis hin zur Unmöglichkeit rationaler Kalkulation. Sie zeigen, dass ein dezentralisiertes Marktsystem, das von individuellen Entscheidungen und unternehmerischen Initiativen getragen wird, Wohlstand in einem weitaus größeren Ausmaß für die Bürger erzeugt, zudem anpassungsfähiger ist und besser auf sich ändernde Umstände reagieren kann. Ludwig von Mises wies bereits 1920 die Unmöglichkeit der zentralen Planung einer Wirtschaft im Sozialismus nach, weil es dort kein Eigentum, keine Preise und somit keine Abbildung realer Knappheitsverhältnisse gibt. Friedrich August von Hayek zeigte in einem der besten Aufsätze der Wirtschaftswissenschaften (*The use of knowledge in society*, 1945) wie Wissen entsteht und koordiniert wird.

1.3.6 Die unsichtbare Hand

In Anlehnung an Adam Smiths Metapher, vielleicht eher Konzept, der unsichtbaren Hand argumentieren Befürworter minimaler staatlicher Eingriffe, dass Individuen, die ihre eigenen Interessen verfolgen, unbeabsichtigt zum allgemeinen Wohl der Gesellschaft beitragen. Dabei spielt die Notwendigkeit, jemandem einen Nutzen zu stiften, eine wichtige Rolle. Beim (ökonomischen) Tausch wird etwas nach individueller Bewertung Wertvolleres erlangt als das Weggegebene, z. B. einen gekauften Apfel für einen Euro für den Käufer und umgekehrt für den Verkäufer. Diese Wertschätzungen und der damit verbundene Nutzen können nur individuell beurteilt werden. Sie weisen darauf hin, dass staatliche Eingriffe diese unsichtbare Hand stören und die spontane Ordnung verhindern, die sich aus dem freiwilligen Austausch ergibt. Interventionismus und Bürokratismus sind zwei Schlagworte, die sich für eine Vertiefung anbieten.

1.3.7 Herausforderungen und Gegenargumente

Kritiker argumentieren, dass ein rein minimalistischer Staat möglicherweise nicht in der Lage ist, bestimmte Marktmängel zu beheben, wie etwa externe Effekte oder die Bereitstellung öffentlicher Güter. Klassische Liberale und Österreicher weisen auf die Selbstregulierungsfähigkeit selbst bei Allmende-Problemen hin, wie Elinor Ostrom für hunderte Beispiele weltweit aufgezeigt hat. Das Coase-Theorem (Ronald Coase) ist eine theoretische klassisch-liberale Alternative zu Interventionen. Insgesamt geht um einen reflektierten, zurückhaltenden Umgang des Staates aufgrund vielfach vernachlässigter negativer Effekte von Staatshandeln. Dem ökonomischen Marktversagen steht ein politisches Marktversagen, also ein durch politische Eingriffe verursachtes Scheitern gegenüber. Wenn ein Markt nicht die gewünschten Ergebnisse hervorbringt, heißt das nicht, die staatliche Verwaltung oder Experten könnten das besser leisten.

1.4 Der Unternehmergeist: Katalysator für wirtschaftlichen Fortschritt

1.4.1 Die Vision des Unternehmertums

Im Mittelpunkt klassisch-liberalen und österreichischen

Wirtschaftsdenkens steht die Würdigung des Unternehmergeistes als treibende Kraft des wirtschaftlichen Fortschritts. Unternehmer sind in dieser Sichtweise die Architekten der Innovation, zugleich Risikoträger, die durch ihre Unternehmungen die Wirtschaft gestalten und verändern. Und sie verbessern mit ihren Produkten das alltägliche Leben der Menschen.

1.4.2 Unternehmertum definiert

Unternehmertum ist mehr als die Gründung eines Unternehmens oder dessen Leitung; es ist eine Denkweise, die durch die Bereitschaft gekennzeichnet ist, Risiken einzugehen, Chancen zu erkennen und Werte zu schaffen. Unternehmerisches Handeln ist zielgerichtet, auf das Machbare sowie auf Gewinn ausgerichtet und erfolgt unter dem Eindruck von Unsicherheit. Auf Märkten können Unternehmen Profite erzielen durch Arbitrage, durch erfolgreiche Spekulation über zukünftige Konsumentenwünsche und durch Innovationen. Permanent entstehen neue Gewinnmöglichkeiten aufgrund veränderlicher Marktdaten, darunter Präferenzen und Technologien. Erfolgreiche Strategien werden nachgeahmt, wenn freier Marktzutritt und Marktaustritt möglich sind. Die Profitmöglichkeiten nehmen ab, der Wettbewerb beseitigt «gesellschaftliche Suboptimalität» (Israel Kirzner).

Klassische Liberale und Österreicher argumentieren, dass ein konstruktives Umfeld, in dem Unternehmertum gedeihen kann, entscheidend für ein dynamisches Wirtschaftswachstum ist. Heute geht es in Deutschland vor allem um das Zulassen von förderlichen Rahmenbedingungen u. a. durch Abbau von Bürokratie und Senken von Steuern und Abgaben. Die Standortfrage ist wieder wichtig. Das gilt auch für die politischen Folgen vernachlässigter Standorte, eines herausfordernden Strukturwandels und der Rückwirkungen über Wahlen – wie das Beispiel der Braunkohle und des Kohleausstiegs in Sachsen zeigt.

1.4.3 Schöpferische Zerstörung und Innovation

Joseph Schumpeters Konzept der «schöpferischen Zerstörung» bringt die Idee auf den Punkt, dass Unternehmertum nicht nur das Schaffen, sondern auch die Demontage bestehender Strukturen durch Innovation beinhaltet. Unternehmer stellen den Status quo in Frage und führen neue Produkte, Dienstleistungen und Geschäftsmethoden ein, die ganze Branchen umgestalten. Flexibilität durch Anpassung an sich wandelnde Märkte und Wettbewerbssituationen ist daher eine wichtige unternehmerische Fähigkeit. Dafür benötigen sie spezifisches Wissen, das auf Märkten ständig neu entsteht, zudem Voraussicht und ein solides Geschäftsgebaren. Durch die schöpferische Zerstörung werden auch dominante und beherrschende Marktpositionen herausgefordert.

1.4.4 Marktentdeckung und subjektiver Wert

Österreichische Ökonomen betonen die Rolle von Unternehmern als Entrepreneur. Durch ihr Handeln entdecken Unternehmer Chancen, die andere möglicherweise nicht sehen. Die subjektive Natur des Wertes, ein zentraler Grundsatz der österreichischen Ökonomik, unterstreicht, wie Unternehmer auf individuelle Präferenzen reagieren und Märkte entsprechend gestalten. Unternehmer gelten zudem als Diener des Marktes, die für richtiges Verhalten belohnt und für falsches betraft werden (Wilhelm Röpke).

Ein Beispiel für einen Ökonomen und Unternehmer mit österreichischer Prägung ist Felix Somary (1881-1956), ein aus Wien stammender, später in der Schweiz ansässiger Privatbankier, der persönlich haftend als der herausragende geopolitische Prognostiker seiner Zeit galt.

Neben dem Entrepreneur gibt es die Perspektive auf die ganz normalen Menschen als Lebensunternehmer und den Blick auf die gesellschaftliche Bedeutung von Unternehmern. Ludwig von Mises urteilte: «In der Führung der Unternehmung übt der Unternehmer ein gesellschaftliches Amt, wenn er auf höchste Rentabilität Bedacht nimmt; wer ihm da in den Arm fallen will, um anderen Rücksichten als denen des Geschäftsgewinnes die Oberhand zu verschaffen, handelt antisozial, gefährdet die Versorgung der Bedürfnisse der Verbraucher.»

1.4.5 Der dynamische Marktprozess

Klassische Liberale und Österreicher lehnen die Vorstellung eines statischen, gleichgewichtsorientierten Marktes ab. Im Gleichgewicht ist alles erstarrt. Stattdessen betrachten insbesondere die Österreicher Märkte als dynamische Prozesse, die durch unternehmerisches Handeln angetrieben werden. Die ständige Anpassung und Weiterentwicklung der Märkte, die durch unternehmerische Initiativen voranschreiten, führt zu wirtschaftlicher Dynamik und Widerstandsfähigkeit.

Wie Israel Kirzner aufgezeigt hat, entstehen Wissen, unternehmerische Gelegenheiten, Präferenzen und Rangfolgen erst im unternehmerischen Entdeckungsverfahren selbst, also durch menschliches Handeln, das sich nicht zuletzt durch Spekulation auszeichnet.

Die österreichische Sichtweise betont den kontinuierlichen, proaktiven Charakter der unternehmerischen Entdeckung und die Bedeutung des subjektiven Wissens und der individuellen Beurteilung in diesem Prozess. In der Auffassung, was Märkte sind, unterscheiden sich Österreicher von einigen klassischen Liberalen.

1.4.6 Risiken und Belohnungen

Unternehmertum ist von Natur aus mit der Übernahme von Risiken verbunden. Klassische Liberale argumentieren, dass das Gewinnpotenzial für den Einzelnen ein starker Anreiz ist, diese Risiken einzugehen und bei den regelmäßig auftretenden Schwierigkeiten durchzuhalten. In einem marktwirtschaftlichen System werden Unternehmer, die erfolgreich Verbraucherbedürfnisse und -präferenzen antizipieren, mit finanziellen Gewinnen belohnt. Das zeigt, dass Bedürfnisse richtig adressiert und befriedigt wurden. Außerdem werden weitere Unternehmen angelockt und Innovationen angeregt.

1.4.7 Unternehmertum und wirtschaftlicher Fortschritt

Von der örtlichen Bäckerei bis hin zu multinationalen Konzernen ist das Unternehmertum der Motor des wirtschaftlichen Fortschritts. Unternehmergeist schafft Arbeitsplätze, führt zu technologischen Fortschritten und zur allgemeinen Verbesserung des Lebensstandards. Familienunternehmen spielen dabei über Generationen hinweg eine wichtige Rolle. Familienunternehmen prägen die deutsche Wirtschaft. Das gilt für die Zahl der Unternehmen (über 90 %), die Arbeitsplätze (über 50 %), den Umsatz (über 50 %) und die Namen vieler Dax-Konzerne (von Adidas über Daimler und Henkel bis Siemens).

An den Bedingungen, Unternehmen zu gründen und zu entwickeln, lässt sich die Attraktivität eines Standorts und die Leistungsfähigkeit der Politik messen.

1.4.8 Hindernisse und Herausforderungen

Trotz der Vorteile sehen sich Unternehmer häufig mit Hindernissen konfrontiert, wie z. B. der Belastung durch Vorschriften und Lizensierungen, dem Zugang zu Kapital, fehlenden Fachkräften und Markteintrittsbarrieren. Die Betriebswirtschaftslehre behandelt die Herausforderungen systematisch. Klassische Liberale plädieren dafür, Hindernisse abzubauen, damit der Unternehmergeist gedeihen und zu einem nachhaltigen Wirtschaftswachstum beitragen kann. Diesbezügliche Reformen firmieren unter dem Stichwort der angebotsorientierten Politik. Unternehmen müssen immer wieder Wege finden, auch durch Kooperation, um Hindernisse zu überwinden. Die Verlagerung des Standorts gehört dazu.

1.4.9 Unternehmertum kultivieren

Bedingungen, die das Unternehmertum fördern, lassen sich theoretisch und praktisch diskutieren. Sie reichen von der Bildung über den Zugang zu Kapital bis hin zu rechtlichen Rahmenbedingungen sowie einem Umfeld, das unternehmerische Aktivitäten begünstigt. Dazu gehört auch eine gesellschaftliche Kultur, die Unternehmertum begrüßt. Wenn wesentliche Voraussetzungen gegeben sind, kann sich das Leistungspotenzial des Unternehmergeistes entfalten. Wenn das nicht der Fall ist, fallen Länder zurück oder können sich gar nicht erst entwickeln. In der Welt gibt es viele Beispiele, aus unterschiedlichen Epochen, die konstruktive und destruktive Bedingungen illustrieren. Die Unternehmensgeschichte behandelt diese als Fachrichtung.

1.4.10 Überleitung

Während wir in die Welt des Unternehmertums eintauchen, ist eine Hommage an die Menschen angemessen, die durch ihre Visionen, ihre Innovation und ihre Bereitschaft, Ungewissheit in Kauf zu nehmen, den wirtschaftlichen Fortschritt vorantreiben. Es gibt eine Reihe von Indikatoren, die erforscht werden können, um festzustellen, ob sich der Unternehmergeist in einem Land, in einer Region auch in der Zukunft in einem Klima wirtschaftlicher Freiheit entfalten kann und so als ein mächtiger Katalysator für Wohlstand und Fortschritt dient. Indices, Umfragen und Standortfaktoren gehören dazu.

2. MIKROÖKONOMIE

in klassisch-liberaler und österreichischer Sichtweise

2.1 Spontane Ordnung und der Marktprozess

2.1.1 Das Konzept der spontanen Ordnung

Betrachtet man die Mikroökonomie aus der Perspektive des klassischen Liberalismus und der österreichischen Volkswirtschaftslehre, so fällt der Blick rasch auf das Konzept der spontanen Ordnung. Dieses Modell besagt, dass sich komplexe Systeme wie der Markt ohne zentrale Planung oder absichtliche Gestaltung harmonisch entwickeln können. Die Ordnung ist nicht das Ergebnis bewusster Koordination, geschweige denn ein geplantes Ergebnis, sondern ergibt sich spontan aus den unzähligen Interaktionen von Individuen, die ihre eigenen Interessen verfolgen. Privateigentum, Preise, Gewinne und Verluste sind die Institutionen, auf denen die spontane Ordnung ruht. Informationen, Anreize etwas (nicht) zu tun und Innovationen sind die Folge funktionierender Institutionen. In der spontanen Ordnung entsteht Wissen auf unvergleichliche Weise dynamisch-dezentral. Spontane Ordnungen sind selbst komplex und dynamisch und können dynamische Komplexität gut verarbeiten.

2.1.2 Die unsichtbare Hand auf mikroskopischer Ebene

Spontane Ordnung wird oft mit Adam Smiths Metapher der unsichtbaren Hand auf dem Markt verglichen. In der Mikroökonomie besagt dieses Konzept, dass die zahllosen Entscheidungen von Verbrauchern und Produzenten, die jeweils in ihrem eigenen Interesse handeln, gemeinsam zum ordnungsgemäßen Funktionieren der Märkte beitragen. Preise, Mengen und Ressourcenallokationen passen sich als Folge dieser dezentralen Handlungen dynamisch an. Die Alternative der sichtbaren Hand der Staatsbürokratie hat sich sowohl im Sozialismus als auch in gemischten Systemen als vielfach irrtumsbehaftet und hemmend sowie immer wieder sozial ungerecht erwiesen.

2.1.3 Individuelle Wahlmöglichkeiten und Präferenzen

Klassische Liberale und Österreicher betonen, dass die Grundlage der spontanen Ordnung in den individuellen Entscheidungen und Präferenzen wurzelt. Jede Person trägt, geleitet von ihren einzigartigen Werten und Wünschen, zum Mosaik der Marktdynamik bei. Durch den freiwilligen Austausch erfasst und verarbeitet der Markt das verstreute Wissen der Einzelnen. Dieser Perspektive ist zugleich eine ethische, da es um die Befriedigung der individuellen Bedürfnisse von Menschen geht und nicht um die von anderen Menschen angeordnete selektierte und standardisierte Verteilung von Ressourcen. Hier ist die moralische Überlegenheit der Marktwirtschaft gegenüber allen Formen des Etatismus verwurzelt.

2.1.4 Marktpreise als Informationssignale

Marktpreise dienen als starke Informationssignale. Sie übermitteln wichtige Hinweise über die Knappheit von Ressourcen, sich ändernde Verbraucherpräferenzen und neue Möglichkeiten. Preise sagen uns, was wir im allgemeinen Interesse zu tun haben. Und mit Friedrich August von Hayek ist es häufig etwas anderes als wir beabsichtigt hatten (*Der Strom der Güter und Leistungen*, 1984). Preise lenken Güter und unsere Aktivitäten in die bestmöglichen Verwendungen. Und wir wissen vielfach nicht im Voraus, wofür unsere Bemühungen schließlich genutzt werden. – Die Dezentralisierung der Entscheidungsfindung in einem freien Markt ist wesentlich für die Preisbildung. Zugleich können sich Preise dynamisch anpassen und die Ressourcen auf ihre wertvollsten Verwendungen lenken. Preise erweisen sich indes vielfach als träge *(sticky)*, was teilweise mit staatlichen Bestimmungen erklärt werden kann (Höchst-, Mindestpreise, auf Preise indirekt wirkende Regulierung wie Auflagen).

2.1.5 Unternehmertum und Entdeckungen

Das Unternehmertum spielt eine zentrale Rolle in der spontanen Ordnung der Märkte. Unternehmer, die vom Gewinnstreben und von Gestaltungsmotiven geleitet werden, die auf eine Verbesserung der Welt zielen, suchen ständig nach Möglichkeiten, Werte zu schaffen. Mit ihrem Handeln reagieren sie nicht nur auf die aktuellen Marktbedingungen, sondern tragen auch zum laufenden Prozess der Marktentdeckung bei, bei dem neue Produkte, Dienstleistungen und Geschäftsmethoden entstehen.

2.1.6 Die Rolle von Institutionen und Eigentumsrechten

Ein entscheidendes Element, das die spontane Ordnung unterstützt, ist das Vorhandensein von klar definierten Eigentumsrechten und Institutionen, die Verträge durchsetzen. Diese bieten einen stabilen Rahmen, innerhalb dessen Individuen interagieren können, was Vertrauen und Zusammenarbeit fördert. Die Sicherheit der Eigentumsrechte gewährleistet, dass der Einzelne ohne Angst vor willkürlichen Eingriffen seinen wirtschaftlichen Aktivitäten nachgehen kann. Im Laufe der Jahrhunderte hat sich der Staat als primäre Institution für den Schutz von Eigentum herausgebildet, der allerdings zugleich Eigentum in beträchtlichem Ausmaß umverteilt.

2.1.7 Kritik und Alternative

Kritiker argumentieren, dass eine spontane Ordnung möglicherweise nicht jedes Marktversagen behebt oder gerechte Ergebnisse gewährleistet. Das Gegenargument lautet, dass eine zentrale Planung die Probleme oft eher verschlimmert als sie zu lösen. Zudem wird beim Hinweis auf Marktversagen selten von Staatsversagen gesprochen. Hilfreich ist zunächst eine Definition, die erläutert, was man unter Marktversagen versteht und was unter gerecht.

2.1.8 Anwendungen in der realen Welt

Beispiele aus der realen Welt zeigen, wie sich eine spontane Ordnung in verschiedenen wirtschaftlichen Phänomenen manifestiert. Diese reichen von der Entwicklung ganzer Industrien bis zur Entstehung neuer Technologien. Über ein Verständnis spontaner Ordnungen entstehen Einblicke in die Widerstandsfähigkeit und Anpassungsfähigkeit marktwirtschaftlicher Systeme. – Die Währungsreform im Juni 1948 sorgte tatsächlich über Nacht dafür, dass die Geschäfte wieder voller Waren waren, die durch die Schaufenster bestaunt werden konnten. Grund war die Wiederherstellung einer funktionsfähigen Währung: Die D-Mark löste als Tauschmittel die hyperinflationierte Reichsmark ab. Parallel trug die Freigabe der Preise zum sogenannten Wirtschaftswunder bei. In der Proto-Industrialisierung entstanden spontan erstmals regionale, vorindustrielle Cluster für den Export. Die Möglichkeit auf Apps insbesondere im iPhone Store zugreifen zu können, revolutionierte über Streaming die Musikindustrie.

2.1.9 Überleitung

Während wir Aspekte der Mikroökonomie durch die klassisch-liberale und österreichische Brille betrachten konnten haben, haben wir die Grundlage geschaffen für weitere Diskussionen über Marktstrukturen, Elastizität und Verbraucherverhalten. Auch hier wird sich unsere Aufmerksamkeit auf das komplizierte Geflecht mikroökonomischer Prinzipien richten, das von Prinzipien individueller Freiheit und spontaner Ordnung geleitet wird.

2.2 Preise und das Informationssystem auf Märkten

2.2.1 Die Bedeutung der Preise

Im Bereich der Mikroökonomie sind in der klassisch-liberalen und österreichischen Tradition Preise keine bloßen Zahlenwerte, sondern komplizierte Informationen, die das dynamische Zusammenspiel von Angebot und Nachfrage, individuellen Präferenzen und sich ändernden Umständen vermitteln. In diesem Kapitel wird untersucht, wie

Preise als wichtiges Informationssystem auf Märkten dienen, das die Entscheidungsfindung und die Zuteilung von Ressourcen steuert.

2.2.2 Angebots- und Nachfragedynamik

Klassische Liberale gehen davon aus, dass sich Preise spontan und emergent durch die Kräfte von Angebot und Nachfrage bilden. Niemand bestimmt den Preis. Wenn die Verbraucher ihre Präferenzen durch die Nachfrage ausdrücken und die Produzenten mit dem Angebot reagieren, spiegelt der Gleichgewichtspreis den Punkt wider, an dem die nachgefragte Menge der angebotenen Menge entspricht. Dieser Preis ist ein starkes Signal, das die vorherrschenden Marktbedingungen anzeigt. Österreicher weichen von dieser Darstellung insofern ab als sie kein Gleichgewicht, sondern einen Prozess in Richtung eines Gleichgewichts betonen, das niemals erreicht wird. Die Nachfrage hängt davon ab, wie sehr Menschen das Produkt begehren, wie hoch der Wert ist, den die Menschen dem Produkt zumessen.

2.2.3 Preisflexibilität und Marktanpassungen

Ein zentraler Grundsatz dieser Sichtweise ist die Annahme flexibler Preise. Klassische Liberale argumentieren, dass sich die Preise in einem freien Markt organisch an veränderte Bedingungen anpassen. So führt beispielsweise ein Anstieg der Nachfrage nach einem bestimmten Gut zu einem Preisanstieg und signalisiert den Produzenten, das Angebot zu erhöhen. Diese Flexibilität ermöglicht es den Märkten, sich effizient an Schwankungen von Angebot, Nachfrage und externen Faktoren anzupassen bzw. ist gerade Ausdruck eines Anpassungsprozesses. Zugleich gibt es das Phänomen der «klebrigen» Preise, d. h. dass Preise sich nicht per se perfekt an veränderte Angebot-Nachfrage-Konstellationen anpassen. Das gilt insbesondere für Löhne und Gehälter, die kaum gesenkt werden, auch staatlich und machtpolitisch bedingt.

2.2.4 Informationsgehalt von Preisen

Preise enthalten eine Fülle von Informationen. Sie spiegeln nicht nur die aktuelle Marktlage mit den individuellen Wertschätzungen wider, sondern auch die Erwartungen über die zukünftigen Bedingungen. Preise informieren über einträgliche Märkte und Produkte genauso wie über wenig attraktive Gelegenheiten. Unternehmer und Marktteilnehmer nutzen diese Informationen, um Entscheidungen über Produktion, Verbrauch und Investitionen zu treffen. Preise fungieren also als dezentrales Informationssystem, das das auf unzählige Individuen verteilte Wissen aggregiert. Da alle Preise miteinander zusammenhängen, wird ein Wertschätzungs- und Knappheitsgefüge aller Produkte im Verhältnis zu einander sichtbar. Preise sind in ihrem Informationsgehalt unersetzbar und nicht durch eine Alternative kopierbar, weil sie in einem Prozess als Resultat vieler subjektiver Wertschätzungen und subjektiven Wissens entstehen, aber keinesfalls objektiv gegeben sind.

2.2.5 Die Rolle des Wettbewerbs bei der Preisfindung

Der Wettbewerb, ein Schlüsselelement des klassisch-liberalen und österreichischen Wirtschaftsdenkens, spielt eine entscheidende Rolle im Preisfindungsprozess. Auf Wettbewerbsmärkten tragen mehrere Käufer und Verkäufer zur Preisbildung bei. Dieser dezentrale Prozess stellt sicher, dass die Preise nicht willkürlich nach Maßgabe von Externen, wie Politiker und Bürokraten, aber auch staatlich privilegierten Unternehmen festgelegt werden, sondern die tatsächlichen Präferenzen und Bewertungen der Marktteilnehmer widerspiegeln. Zugleich entmachtet der Wettbewerb. Besonders lukrative Marktpositionen ziehen Wettbewerber an, die mit einander um Kunden konkurrieren. Darüber hinaus kann Wettbewerb aus einem anderen Marksegment herkömmliche Marktstrukturen verändern, z. B. wenn die Musikindustrie durch Streaming, die Filmindustrie durch Netflix und Amazon, die Weiterbildungsbranche durch Online-Angebote von jedermann herausgefordert wird. Der Wettbewerb ist der Motor des Marktsystems, er fungiert als Problemlösungs- und Entdeckungsverfahren. Das ordoliberale Wettbewerbsverständnis einer behördlichen Kontrolle betrachten insbesondere Österreicher mit Skepsis.

2.2.6 Subjektiver Wert und Grenznutzen

österreichische Ökonomen betonen die subjektive Natur des Wertes. Die Preise, so argumentieren sie, ergeben sich aus den subjektiven Präferenzen der Individuen, aus der individuellen Wertschätzung, die sich im Tausch konkretisiert. Ausgangspunkt für die Wertschätzung sind die individuellen Bedürfnisse. Das Konzept des Grenznutzens unterstreicht, dass der Wert eines Gutes durch die Befriedigung bestimmt wird, die es in inkrementellen Einheiten bietet, was den individualistischen Charakter der Preisbestimmung weiter unterstreicht. Mit der zunehmenden Verfügbarkeit eines Gutes sinkt dessen Nutzen, das erste Glas Wasser in der Wüste, der erste Pfannkuchen hat einen größeren Nutzen als das dritte und fünfte Glas und der siebte Pfannkuchen.

2.2.7 Preisverzerrungen und Interventionen

Eingriffe in den Markt, wie Preiskontrollen oder Subventionen, stören die natürlichen Preissignale, die die Entscheidungsfindung leiten. Klassische Liberale und Österreicher warnen vor solchen Eingriffen mit dem Argument, dass sie zu Fehlallokationen von Ressourcen, Ineffizienzen und unbeabsichtigten Folgen führen. Eingriffe in die Preisbildung sind aus vielen Gründen problembehaftet. Die Kurzformel lautet mit Henry Hazlitt, dass statt der kurzfristigen Resultate für die ausgewählte Gruppe auch die langfristigen Folgen für alle Betroffenen betrachtet werden müssen. Interventionen verursachen Opportunitätskosten, die von den Intervenierenden kaum betrachtet werden. Mit künstlich veränderten Preisen wird deren Informationsgehalt verändert, die dezentrale Koordination von Wissen verfälscht. Das geschieht durch wenige Menschen, die weniger wissen als die die vielen, die ihren Teil zur Preisbildung beigetragen haben.

2.2.8 Hayeks Strom der Güter und Leistungen

Friedrich A. von Hayek hat noch heute verbreitete keynesianische Irrtümer in «The Flow of Goods and Services» (1981) korrigiert. Bemerkenswerterweise entspricht das aggregierte Inputvolumen selten dem aggregierten Outputvolumen. Zwar wächst und schrumpft die Mächtigkeit des Stroms, weil sich die Nachfrage nach den Primärfaktoren ändert. Gleichwohl ist das keynesianische Bild einer Röhre irreführend, in die nur ausreichend hineingepumpt oder aus der nur genügend herausgesaugt werden müsse. Das Reservoir zwischen den beiden Enden ist nämlich elastisch oder variabel. Nachfrage und Produktion sind Prozesse, die sich mit unterschiedlicher Geschwindigkeit, bisweilen sogar in entgegengesetzte Richtungen bewegen. Infolgedessen befindet sich der Strom niemals im Gleichgewicht, «denn gerade das Ungleichgewicht hält ihn im Fluss und bestimmt seine Richtung». Preise an vielen unterschiedlichen Stelle lenken die Ressourcenverteilung, um das Bedürfnisspektrums zu befriedigen. Das gilt gleichermaßen für die Produktion wie für den Konsum.

2.2.9 Herausforderungen und Kritik

Während der Informationsgehalt der Preise gelobt wird, argumentieren Kritiker, dass die Märkte nicht immer perfekte Informationen liefern, insbesondere bei Vorhandensein von externen Effekten oder asymmetrischen Informationen. Dem stimmen Österreicher zu. Perfektion lässt sich fast nie und von niemandem erreichen, ist deshalb ein realitätsferner Maßstab. Die entscheidende Frage lautet, ob Eingriffe in das feingesponnene Netz aus Preisen in der Lage sind, Unvollständigkeiten zu verbessern, ohne zu schaden und woher das Wissen dafür stammt.

Vielfach gibt es zudem Alternativen zu Preiseingriffen, weil die Absicht verfolgt wird, einer spezifischen Gruppe Vorteile zukommen zu lassen, etwa bei Mieten, geringen Löhnen, Bildung und nach Katastrophen.

2.2.10 Anwendungen in der realen Welt

Dieses Kapitel schließt mit Hinweisen auf Beispiele aus der Praxis, die zeigen, wie Preise als Informationssystem in verschiedenen Branchen und Wirtschaftsszenarien funktionieren. Eine Annäherung: Russ Roberts erzählt in «The Price of Everything» (2008), warum Preise in Katastrophengebieten ein alternativloser Knappheitsanzeiger sind und für ihre Höhe, gerade bei Gütern des alltäglichen Bedarfs wie Wasser, nicht kritisiert werden sollten.

Außerdem Märkte übergreifende Beispiele: Die Veränderung des Ölpreises beeinflusst den Aktienpreis von Unternehmen der Öl- und Gasindustrie und die Einschätzungen künftiger Öl- und Gaspreise. Geopolitische und Finanzkrisen beeinflussen börsennotierte und nicht börsennotierte Unternehmen. Im US-Gesundheits- und Versicherungsmarkt kommt eine Studie zu dem Ergebnis, dass eine zunehmende Konzentration von Versicherungsunternehmen mit sinkenden Krankenhauspreisen einhergeht, während eine steigende Konzentration von Krankenhäusern nicht mit Preiserhöhungen korreliert.

Von Aktienmärkten bis hin zu Rohstoffen ist das Verständnis der informatorischen Rolle von Preisen wesentlich, um die Komplexität der Marktdynamik zu verstehen. Jeder Leser kann das durch Nachdenken und Recherchen selbst herausfinden.

2.3 Unternehmertum und Innovation in der freien Marktwirtschaft

2.3.1 Das Unternehmertum als Katalysator

Das Unternehmertum, das im klassischen liberalen und österreichischen Wirtschaftsdenken als treibende Kraft des wirtschaftlichen Fortschritts gepriesen wird, steht im

Mittelpunkt dieser Untersuchung der Mikroökonomie. Unternehmer, die risikofreudigen Visionäre, die Chancen erkennen und Innovationen schaffen, spielen eine entscheidende Rolle bei der Gestaltung der Dynamik des freien Marktes und der Förderung von Wohlstand für alle.

2.3.2 Unternehmerische Innovation – eine Definition

In der klassische-liberalen und österreichischen Tradition geht der Begriff des Unternehmertums über die traditionelle Sichtweise der Gründung eines Unternehmens hinaus. Unternehmerische Innovationen sind (komplexe) Neuerungen, die entdeckt, erfunden, eingeführt, genutzt, angewandt und vielfach verstetigt werden und *ex post* als technischer, sozialer und wirtschaftlicher Wandel sichtbar werden. Neue Produkte, Dienstleistungen, Prozesse und Methoden sind ein wesentlicher Bestandteil des Unternehmertums.

Innovationen entstehen sobald Menschen frei denken können, experimentieren und spekulieren und wenn sie mit einander handeln können. Innovationen entstehen dort wo Menschen relativ wohlhabend sind und nicht verzweifeln. Innovationen entstehen überwiegend in Städten und benötigen Investitionen, also Kapital, Humankapital eingeschlossen.

Eine Innovation ist ein dynamischer Prozess, der die Märkte kontinuierlich verändert und den wirtschaftlichen Fortschritt vorantreibt. Innovationen können einen Markt fundamental verändern und aus einem völlig anderen Markt stammen oder ohne für die Veränderung konzipiert worden zu sein.

2.3.3 Gewinn als unternehmerischer Anreiz

Ein wesentlicher Aspekt des Unternehmergeistes ist das Streben nach Gewinn, zugleich das Verbessern der Welt. Letzteres unterscheidet Unternehmer von Managern. Gewinn ist Umsatz abzüglich aller Kosten, Steuern und Gebühren. Klassische Liberale argumentieren, dass das

Potenzial für finanziellen Gewinn als starker Motivator für Einzelpersonen dient, die mit dem Unternehmertum verbundenen Risiken einzugehen. Russ Roberts betont, dass das Gewinnmotiv zum Durchhalten in schweren Zeiten motivieren kann und damit am Ende und nicht am Anfang der unternehmerischen Tätigkeit steht, zumal wenn es um eine persönlich herausfordernde Innovation geht. John Stuart Mill sah im Gewinn eine Belohnung für die Übernahme von Risiken. Henry Hazlitt hat frühzeitig betont, dass viele Unternehmen keinen nennenswerten Gewinn machen, scheitern und vom Markt verschwinden – heute scheitern 90% der Start-ups – und außerdem, dass die Arbeitnehmer in Summe regelmäßig stärker vom Gewinn profitieren als der Inhaber eines Unternehmens.

Gewinne decken eine unbefriedigte Nachfrage auf und damit attraktive unternehmerische Gelegenheiten. So intensivieren sie den Wettbewerb und üben Druck auf Kosten aus, setzen Anreize für bessere Produktqualität und Differenzierung bzw. Alleinstellungsmerkmale.

Das Gewinnmotiv bringt die Interessen der Unternehmer mit den Wünschen der Verbraucher in Einklang und schafft so eine symbiotische Beziehung auf dem Markt. Der Verlust ist ein gleichermaßen wichtiges Signal – für den Unternehmer und die Märkte.

2.3.4 Die Rolle der Ungewissheit

österreichische Ökonomen, vor allem Ludwig von Mises, und klassische Liberale wie Frank Knight betonen die Rolle der Unsicherheit bei unternehmerischen Entscheidungen. Unternehmer agieren in einer Welt unvollkommener Informationen und unbekannter zukünftiger Bedingungen. Die Fähigkeit, mit dieser Unsicherheit umzugehen, fundierte Entscheidungen zu treffen und Markttrends zu antizipieren, zeichnet erfolgreiche Unternehmer aus.

Frank Knight analysiert in «Risk, Uncertainty, and Profit» (1921) die Unterschiede zwischen Risiko und Unsicherheit und deren Bedeutung für das Unternehmertum.

Knight argumentiert, dass der wahre Wert eines Unternehmers darin liegt, Unsicherheit zu tragen und Entscheidungen unter Bedingungen unvollständiger Information zu treffen. Diese Fähigkeit unterscheidet erfolgreiche Unternehmer von anderen Wirtschaftsakteuren.

Robert Higgs hat das Problem staatlich hervorgerufener Unsicherheit am Beispiel des New Deal aufgezeigt, das unternehmerische Aktivitäten lähmt *(regime uncertainty)*. Walter Eucken betonte die Konstanz und damit Erwartbarkeit von Wirtschaftspolitik als ein konstituierendes Prinzip der Wirtschaftspolitik.

2.3.5 Schöpferische Zerstörung und Disruption

Das Konzept der «schöpferischen Zerstörung» von Joseph Schumpeter verdeutlicht die transformative Kraft des Unternehmertums. Innovationen, die von Unternehmern eingeführt werden, können bestehende Branchen und Geschäftsmodelle stören, was zum Niedergang veralteter Praktiken und zum Aufkommen neuer, effizienterer, effektiverer Praktiken führt. Ein Konjunkturaufschwung ist die Folge. Schöpferische Zerstörung ermöglicht Wachstum und steht für technischen Fortschritt. Heute werden alle Unternehmen durch eine digitale Transformation herausgefordert, die staatliche Verwaltung auch. Wandel wird zur Disruption. Elon Musk gilt als disruptiver Unternehmer mit Tesla und Starlink. Die heute vielleicht größte Disruption ist die Plattformökonomie.

Dieser Prozess ist ein wesentlicher Bestandteil der Anpassungsfähigkeit freier Märkte infolge unternehmerischen Handelns.

2.3.6 Marktentdeckung und Reaktion auf Verbraucherbedürfnisse

In ihrem Streben nach Gewinn und einer Verbesserung der Welt sind Unternehmer auf der Suche nach neuen Märkten, heute mitunter auch nach der präemptiven Zerstörung von Geschäftsmodellen und der Übernahme ganzer Sektoren. Indem sie die Bedürfnisse und Präferenzen der Verbraucher erkennen, die diese teilweise selbst noch nicht kennen, und darauf reagieren, tragen sie zur dynamischen Entwicklung der Märkte bei. Heute geschieht das insbesondere in der Start-up-Welt in erheblichem Maße über Narrative und nicht immer über tatsächlichen Nutzen. Die klassisch-liberale und österreichische Sichtweise betont, dass der dezentrale Charakter dieses Prozesses die Reaktionsfähigkeit auf vielfältige und sich ändernde Verbraucherwünsche gewährleistet. Österreicher kritisieren so moderne Auswüchse einer privilegierten Finanzindustrie und Hype-Zyklen ohne Wertsteigerung.

2.3.7 Unternehmerische Wachsamkeit und Erkennen von Chancen

Der österreichische Wirtschaftswissenschaftler Israel Kirzner führte das Konzept der unternehmerischen Wachsamkeit *(alertness)* ein und hebt die Fähigkeit von Unternehmern hervor, Chancen in bestehenden Kontexten zu erkennen und zu nutzen, die andere übersehen. Dazu gehört auch Arbitrage als Teil des Unternehmertums. Wachsamkeit und das Erkennen von Chancen – von Opportunitäten – bedeuten, Dinge anders zu sehen als die Allgemeinheit. Der Unternehmer macht anschließend Dinge besser als die Akteure vor ihm, die sich gerade in Bezug auf Wissen und Wachsamkeit träge verhalten. In einem freien Markt, in dem Informationen verstreut sind, wird diese Wachsamkeit zu einer entscheidenden Triebkraft für Innovation und wirtschaftlichen Fortschritt. In sozialistischen, faschistischen und zentral geleiteten Volkswirtschaften ist dieser Weg weitgehend versperrt.

Eine Facette bilden heute Konzerne, die selbst wenig innovativ sind, und stattdessen das innovative Potenzial von Start-ups aufkaufen. Kaufmacht ersetzt Kreativität und verändert, vermachtet mitunter Märkte. Opportunitäten werden genutzt, die vielfach statt in neuen Produkten in neuen Geschäftsmodellen bestehen.

2.3.8 Staatliche Eingriffe und Unternehmertum

Klassische Liberale und Österreicher warnen vor staatlichen Eingriffen, die das Unternehmertum einschnüren können. Vorschriften, Subventionen und Marktzutrittsschranken können den natürlichen Prozess der Innovation und Marktanpassung behindern. Das Austarieren zwischen zielführenden Regulierungen und Erhalten der unternehmerischen Freiheit fällt interventionsfreudigen Politikern und Bürokraten regelmäßig schwer. Ihre Sicht ist naturgemäß beschränkter als die der Marktteilnehmer und der Brancheninsider. Zudem ist ökonomische Bildung nicht identisch mit Unternehmertum und ohnehin ein knappes Gut. Wie viele Politiker und wie viele Bürokraten sind Ökonomen?

2.3.9 Fallstudien zum unternehmerischen Erfolg

Das Kapitel schließt mit Fallbeispielen, in denen unternehmerische Erfolgsgeschichten thematisiert werden. Diese Beispiele, die von Tech-Start-ups bis hin zu etablierten Branchen reichen, zeigen, wie unternehmerische Innovation Märkte verändert, die Effizienz gesteigert und die Lebensqualität der Verbraucher verbessert hat.

Weithin bekannt ist die Geschichte des Auf-, Ab- und Wiederaufstiegs von Apple mit Steve Jobs an der Spitze. Die iMac, der iPod und das iPhone sind einige unternehmerische Erfolgsprodukte, die die Welt verändert und viele Nachahmer gefunden haben. Weniger beachtet wird dabei die Bedeutung des Appstores und dessen disruptive Bedeutung.– Die Produktvielfalt von Familienunternehmen ist enorm. Dazu gehören zufällige Welterfolge wie Teddybären von Steiff, inzwischen in der 6. Generation, schwerste Lasten bewegen von Neuhaus, das 1745 in Witten als Schmiede gegründet wurde, aber auch der 1763 gegründete Beck Verlag und der Weltmarktführer für Hopfen Barth, 1794 gegründet.

Schließlich sei an Beispiele aus der Unterhaltungsbranche erinnert. Dazu gehört der Aufstieg von Musikern, die zuweilen über Jahrzehnte und sogar über ihr Leben hinaus für unternehmerischen Erfolg stehen. Erinnert sei an Sportevents und das Wachstum von Sportbranchen über die ganze Welt wie es derzeit im Milliardenmarkt American Football, der NFL, zu beobachten ist, getrieben von Unternehmereigentümern, denen die Franchises, die NFL-Mannschaften gehören.

2.3.10 Überleitung

In diesem Kapitel sind wir in die Sphäre des Unternehmertums und der Innovation eingetaucht. Unternehmer spielen eine entscheidende Rolle auf Märkten. Sie entdecken Gelegenheiten, organisieren und koordinieren Fähigkeiten, Kapital und Geschäftsmodelle, schaffen neue Produkte und sorgen für Innovationen. – Innovationen benötigen Unternehmertum und eines mehr als alles andere: Freiheit. Freiheit zum Austausch, zum Experimentieren, Freiheit zum Vorstellen, Investieren und Scheitern, Freiheit von Restriktionen und von (vorschnellen) Konsumenten.

Das komplizierte Geflecht mikroökonomischer Prinzipien, die von den Grundsätzen der individuellen Freiheit und der unternehmerischen Dynamik geleitet werden, wird durch Interventionen verändert und gestört.

2.4 Kritik am Interventionismus: Preiskontrollen und Regulierungen

2.4.1 Die Grundlagen des Interventionismus

Die kritische Auseinandersetzung mit interventionistischen Maßnahmen bildet einen Schwerpunkt im mikroökonomischen Rahmen des klassischen Liberalismus und der österreichischen Ökonomik. Interventionismus bezieht sich auf staatliche Maßnahmen, die in das natürliche Funktionieren von Märkten eingreifen, oft mit der Absicht, bestimmte wirtschaftliche oder soziale Ergebnisse zu erzielen. Vielfach soll politisch diagnostiziertes Marktversagen korrigiert werden. Mit dem zunehmenden Interventionismus im 20. und 21. Jahrhundert hat der Staat so Steuerungsaufgaben in nahezu allen Bereichen der Wirtschaft (und Gesellschaft) übernommen, was zu Innovationen, mehr Effizienz, Vollbeschäftigung, Wachstum und vielem mehr führen soll. Zugleich fehlen Marktkenntnisse, mangelt es auch an branchenspezifischem Wissen und sorgen andere als unternehmerische Denkweisen sowie die Abwesenheit ökonomischen Wissens für eine Diskrepanz zwischen Absicht und Resultat.

2.4.2 Preiskontrollen und Verzerrungen

Einer der Hauptkritikpunkte am Interventionismus liegt in der Durchführung von Preiskontrollen. Klassische Liberale argumentieren, dass die künstliche Manipulation von Preisen, sei es durch Preisober- oder Preisuntergrenzen, z. B. Mietendeckel und Mindestlöhne, das natürliche Gleichgewicht von Angebot und Nachfrage stört und die individuellen Präferenzen überlagert. Preiskontrollen können zu Engpässen, Überschüssen und zur Fehlallokation von Ressourcen führen, da die wahren Signale der Marktdynamik außer Kraft gesetzt werden. Außerdem werden verdeckte Folgeeffekte selten erkannt und berücksichtigt, etwa, um eine indes vorab bekannte Auswirkung zu thematisieren, profitieren Mieter großer Altbauwohnungen vom Mietendeckel, ohne zu den sozial schwachen Menschen zu gehören, während letztere unter verringertem Neubau leiden.

2.4.3 Die Auswirkungen auf den Wohlstand der Verbraucher

Kritiker des Interventionismus, die sich auf klassischliberale und österreichische Prinzipien berufen, weisen darauf hin, dass Eingriffe in die Preisbildungsmechanismen die Wohlfahrt der Verbraucher direkt beeinträchtigen. Künstlich niedrige Preise können einen Nachfrageüberhang erzeugen, der zu Engpässen führt, während künstlich hohe Preise vom Konsum abhalten und zu Überschüssen führen können. Ein anschauliches Beispiel hat

Ludwig von Mises anhand des Milchpreises und der Interventionsspirale gegeben. Das Ergebnis ist eine Verzerrung des natürlichen Gleichgewichts zwischen Verbrauchern und Erzeugern auf gleich mehreren Märkten. Außerdem wird die Kapitalstruktur verzerrt, die in den Unternehmen gebunden ist. Immer wieder werden überholte Strukturen und nicht mehr wettbewerbsfähige Unternehmen «gerettet». Die Arbeitsplätze sollen erhalten bleiben, was regelmäßig zu Diskrepanzen zwischen Ankündigungen und Realität führt. Darüber hinaus fehlt das Humankapital in dringenderen Verwendungen. Im schlimmsten Fall entstehen Zombieunternehmen.

2.4.4 Regulatorische Belastungen und Markteintritt

Vorschriften werden zwar oft in der Absicht erlassen, Fairness zu gewährleisten oder die Verbraucher zu schützen, können aber unbeabsichtigte Folgen haben. Klassische Liberale argumentieren, dass (übermäßige) Regulierungen Marktzutrittsschranken schaffen, den Unternehmergeist behindern und den Wettbewerb einschränken. Das gilt insbesondere, wenn Eigentum nicht konsequent geschützt, Bürokratie vermehrt, Rechtsungleichheit und -unsicherheit geschaffen wird. Dieses Abwürgen des Wettbewerbs kann zu einem Rückgang der Innovation führen und die Fähigkeit der Märkte zur Anpassung und Weiterentwicklung einschränken. Besonders anschaulich wird das im Außenhandel mit Zöllen, Tarifen und nicht-tarifhären Handelshemmnissen, die dem Schutz der heimischen Verbraucher dienen sollen, die indes mehr bezahlen müssen, und die die heimische Industrie schützen sollen, aber Ressourcen in unrentableren Verwendungen halten. Zwischenstaatliche Konflikte befördern diese Entwicklung.

2.4.5 Unbeabsichtigte Folgen von Interventionen

Klassische Liberale wie Frédéric Bastiat mit seiner Parabel über das zerschlagene Fenster («Was man sieht und was man nicht sieht», 1850) und österreichische Ökonomen wie Mises, Hayek und Peter Boettke weisen auf das Konzept der unbeabsichtigten Folgen des Interventionismus hin. Die Komplexität der Märkte macht es für zentrale Planer und Interventionisten schwierig, die Auswirkungen ihrer Eingriffe in vollem Umfang vorherzusagen. Beispiele aus der Praxis, in denen gut gemeinte Maßnahmen zu unvorhergesehenen, vielfach auch vorhersehbaren und negativen Ergebnissen führten, sind: die «Mietpreisbremse» begünstigt wohlhabende Mieter in großen Altbauwohnungen und schadet allen, die eine Wohnung suchen, zumal immer weniger neue Wohnungen gebaut werden, weil diese sich nicht mehr amortisieren. Dazu tragen beträchtliche Bauauflagen bei. Das Absenken der Leitzinsen, um einen Wirtschaftsaufschwung herbeizuführen, hat nach 2010 Zombieunternehmen und starke Geldentwertung verursacht. Das Verbot von Verbrennerautos wird dazu führen, dass sich nur noch ein Teil der Bevölkerung ein Auto leisten kann und alte Verbrenner länger gefahren werden.

Robert Higgs hat aufgezeigt, dass Interventionen selten wieder zurückgenommen werden und der Ausweitung staatlicher Macht dienen – «Crisis and Leviathan: Critical Episodes in the Growth of American Government» (1987).

2.4.6 Rent-Seeking und Crony Capitalism

Kritiker in der klassisch-liberalen und österreichischen Tradition argumentieren, dass Interventionismus zu Rent-Seeking-Verhalten und Vetternwirtschaft beitragen kann. Wenn sich Regierungen in wirtschaftliche Aktivitäten einmischen, können Einzelpersonen und Unternehmen versuchen, die Politik zu beeinflussen, um sich Privilegien oder Vorteile zu sichern (Lobbyismus, Vetternwirtschaft). Dies untergräbt die Grundsätze des fairen Wettbewerbs und kann zu Marktverzerrungen führen. Unternehmer haben immer wieder ein Interesse ihre Konkurrenten durch Wettbewerbsbeschränkungen und das Setzen regulatorischer Standards für ihre Produkte auszuschalten.

Beispiele in westlichen Ländern gibt es zuhauf. Besonders deutlich wird das Problem beim Blick auf andere, insbesondere autoritäre Staaten. Die Defizite werden anschließend regelmäßig dem Kapitalismus angelastet und als Marktversagen gedeutet.

2.4.7 Das Hayeksche Wissensproblem

Friedrich A. von Hayeks Wissensproblem betont den dezentralen Charakter von Informationen auf einem Markt («The use of knowledge in society», 1945). Interventionen scheitern oft, weil den zentralen Planern das verstreute Wissen der am Markt beteiligten Individuen fehlt. Der Versuch, komplexe Wirtschaftssysteme zentral zu planen, ist in dieser Sichtweise von Natur aus fehlerhaft und schadet der Wohlfahrt breiter Bevölkerungsschichten. Das Wissen ist nicht ex ante verfügbar, es entsteht erst in einem Prozess, in dem die verschiedenen Marktteilnehmer ihr Wissen zusammenbringen und unterschiedliche Rollen, Perspektiven, Bedürfnisse und Präferenzen sowie Kenntnisse zusammenbringen. Preise dienen als Koordinationsinstitution. Mit der spontanen Ordnung zeigt Hayek wie individuelle Handlungen, die durch das Preissystem koordiniert werden, zu einer geordneten und effizienten Wirtschaftsstruktur führen, ohne zentrale Steuerung.

2.4.8 Alternativen zum Interventionismus

Alternative Ansätze zur Behebung von Marktunvollkommenheiten oder Realisierung politischer Ziele existieren, ohne auf umfassende Interventionen zurückzugreifen. Klassische Liberale und Österreicher plädieren für marktorientierte Lösungen und betonen die Bedeutung von freiwilliger Zusammenarbeit, Eigentumsrechten und Wettbewerbskräften bei der Bewältigung wirtschaftlicher Herausforderungen. Das gilt sogar für eine Marktlösung statt einer Wehrpflicht. Eine zuweilen als noch akzeptabel angesehene Intervention sind direkte Transfers an die Gruppe, die aus politischen Gründen bessergestellt werden soll, da dieser Eingriff ohne direkte Marktmanipulationen auskommt. Als Beispiel kann der liberale Ökonom Wilhelm Röpke dienen, der in der Weltwirtschaftskrise zur Vermeidung einer politischen Katastrophe Unterstützungsmaßnahmen befürwortete. Auch eine steuerfinanzierte Grundlagenforschung gilt zuweilen als akzeptabler Eingriff in Innovationssysteme und wird von Vertretern anderer ökonomischer Strömungen sogar als notwendig angesehen.

2.4.9 Zeitgenössische Beispiele und Debatten

Anhand von Beispielen aus der Gegenwart können Sie laufende Debatten über interventionistische Maßnahmen und ihre Auswirkungen auf verschiedene Branchen und Wirtschaftssektoren untersuchen. Von der Gesundheitsfürsorge bis hin zum Wohnungsbau bietet das Verständnis der Auswirkungen des Interventionismus Einblicke in die Komplexität von Wirtschaftssystemen und die Rolle der Politik sowie der Veränderung des Verhaltens aller betroffenen Akteure. Während der Finanz- und Staatsschuldenkrise wurde die «Too Big to Fail» Debatte zur Stützung großer Finanzinstitute und von Staaten geführt. Das Lieferkettengesetz kann als aktuelles Beispiel für kontraproduktiven Interventionismus gelten. Angesichts dominanter Technologieunternehmen wird über Regulierungen für besseren Datenschutz sowie eine geringere Markt- bzw. Machtkonzentration debattiert und in Europa steht im Zentrum von KI-Regulierung.

2.4.10 Überleitung

Mit dem Abschluss dieses Kapitels über die Kritik am Interventionismus ist der Grundstein für die weitere Erforschung mikroökonomischer Prinzipien gelegt. In den folgenden Kapiteln werden wir uns mit den Marktstrukturen, dem Verbraucherverhalten und den weiteren Auswirkungen staatlicher Eingriffe auf das Streben nach wirtschaftlicher Effizienz und individueller Freiheit befassen.

3. MAKROÖKONOMIE:

Eine klassisch-liberale und österreichische Sichtweise

3.1 Gesundes Geld und die Rolle des Goldstandards

3.1.1 Die Grundlagen des gesunden Geldes

Im Bereich der Makroökonomie betonen klassische Liberale und österreichische Ökonomen die entscheidende Bedeutung von gesundem Geld. Gesundes Geld ist ein stabiles und zuverlässiges Tauschmittel, somit eine Recheneinheit und ein Wertaufbewahrungsmittel. In diesem Kapitel werden die Grundsätze des gesunden Geldes und seine historische Verkörperung im Goldstandard skizziert.

3.1.2 Der Goldstandard als monetärer Anker

Klassische Liberale argumentieren, dass der Goldstandard, ein System, in dem der Wert der Währung eines Landes direkt an eine bestimmte Menge Gold gebunden ist, eine stabile Grundlage für Währungssysteme bietet. Beim Goldstandard wird das Geldangebot durch die Verfügbarkeit von Gold begrenzt, was eine übermäßige Inflation oder Deflation verhindert und das Vertrauen in die Währung stärkt. Ein Verstoß gegen das Knapphalten von Geld führte automatisch zum Goldabfluss und setzte als Goldbremse diesem Gebaren eine automatische Grenze.

Österreicher haben verschiedene Vorschläge für eine Rückkehr zum Goldstandard gemacht (Mises, Hazlitt, Rothbard u. a.). Außerdem haben sie Vertrauen in eine knappe, wertbeständige, im Wettbewerb stehende Währungen als Alternative ausgearbeitet (Hayek, Selgin, White). Aufgrund des ewigen Missbrauchs von Währungen zur Finanzierung übermäßiger Staatsausgaben durch die Staatsführungen treten sie dabei für eine Entnationalisierung von Währungen ein.

Der Monetarismus (Milton Friedman) mit einer strikten Geldmengenregel war eine klassisch-liberale, praxiswirksame Strömung und eine Antwort auf die Inflation der 1960er und 1970er Jahre und erlebte mit der Taylor-Rule ein Comeback.

3.1.3 Preisstabilität und wirtschaftliche Gewissheit

Befürworter des Goldstandards betonen, dass seine inhärente Stabilität zur Preisstabilität in der Wirtschaft insgesamt beiträgt. Aufgrund des festen Verhältnisses zwischen Währung und Gold können Privatpersonen und Unternehmen finanzielle Entscheidungen mit einem hohen Maß an Sicherheit treffen, weil die Unsicherheit, die durch Schwankungen des Geldwertes entstehen kann, verringert wird. Tatsächlich schwankte die Kaufkraft des Goldes über lange Perioden nicht, entsprechend veränderten sich die Preise im gesamten 19. Jahrhundert langfristig kaum, kurzfristig konnten sie fluktuieren. Auch ein Bimetall-Standard mit Gold und Silber wird von einigen klassischen Liberalen befürwortet. Über den Goldstandard hinaus betonen liberale Ökonomen, dass die Produktion und das Bereitstellen von Geld so wenig Einfluss auf die wirtschaftlichen Tauschverhältnisse haben soll wie möglich. So argumentiert George Selgin in «Less Than Zero: The Case for a Falling Price Level in a Growing Economy» (1997), dass eine moderate Deflation (sinkende Preise) in einer wachsenden Wirtschaft wünschenswert sein kann – entgegen der traditionellen leicht steigender Preisniveaus. Die Geldpolitik solle sich auf die Stabilisierung des nominalen Einkommens konzentriert, anstatt auf das Preisniveau. – Erwähnt sei das Problem der Indexzahlen, das auf Gottfried von Haberler zurückgeht und die fundamentalen, letztlich unüberwindbaren Schwierigkeiten aufzeigt, eine auch nur annähernd akkurate Inflationsmessung zu erreichen.

3.1.4 Beschränkungen der Staatsausgaben

Der Goldstandard wirkt wie eine natürliche Kontrolle der Staatsausgaben. Da die Geldmenge an die Verfügbarkeit von Gold gebunden ist, können Regierungen nicht willkürlich mehr Geld drucken, um übermäßige Ausgaben zu finanzieren. Diese Beschränkung gilt als Schutz vor einer inflationären Politik, die den Wert der Währung untergräbt. Regierungen haben immer wieder den Goldstandard suspendiert, was zuweilen eine Hyperinflation nach sich zog, oder sie mussten einen Staatsbankrott erleiden, weil sie sich zu stark bei Geldgebern verschuldet hatten, was disziplinierend wirkte.

Der Entzug des Währungsmonopols wird von Österreichern wie Befürwortern des Free Banking als wirksamste Maßnahme gegen ausufernde Staatsausgaben und für gesundes Geld angesehen. Außerdem ist eine Frage der Ethik der Geldproduktion (Guido Hülsmann).

3.1.5 Kritische Stimmen zum Goldstandard

Während klassische Liberale und Österreicher den Goldstandard befürworten, argumentieren Kritiker, dass er die Flexibilität der Geldpolitik in Zeiten des wirtschaftlichen Abschwungs einschränkt. Die Geschichte zeigt, dass Staatsführungen immer wieder den Goldstandard ausgesetzt oder abgeschwächt haben, vor allem um Kriege zu finanzieren. Ähnliches gilt für eine strikte Geldmengenregel. Andere Kritiker halten die Wiedereinführung eines Goldstandards für unmöglich, auch wegen einer erwarteten drastischen Aufwertung der Goldwährung. Kritiker aus den eigenen Reihen betonen den Vorteil eines Währungswettbewerbs, der zu einer besseren Versorgung der Wirtschaft mit Geld und zu Innovationen führen würde, zudem hätten Verbraucher eine größere Auswahl.

3.1.6 Moderne Rufe nach einer Rückkehr zu gesundem Geld

In der zeitgenössischen Wirtschaftsdiskussion werden erneut Forderungen nach einer Rückkehr zu den Grundsätzen des gesunden Geldes laut, wobei einige für eine Wiederbelebung des Goldstandards oder alternative Formen der Gelddisziplin eintreten. Die Vorschläge lassen sich unterscheiden in Befürworter a) einer Goldwährung, b) einer mit Gütern gedeckte Währung, c) eines Vollgeldsystems, d) eines Teildeckungssystems, e) eines freien Währungswettbewerbs, f) einer regelbasierten Zentralbankpolitik mit fester Geldmengenentwicklung (Monetarismus, Taylor-Rule). Nicht alle sind österreichische oder klassisch-liberale Positionen.

3.1.7 Die Rolle der Kryptowährungen

Im digitalen Zeitalter hat sich das Konzept des soliden Geldes mit dem Aufkommen von Kryptowährungen weiterentwickelt. Klassische Liberale und Österreicher untersuchen das Potenzial von Kryptowährungen wie Bitcoin als dezentralisierte und endliche Währungsformen und ziehen Parallelen zu den Grundsätzen des soliden Geldes. Allerdings konkurriert Bitcoin nicht mit einer Währung, sondern mit Zahlungssystemen, z. B. Sepa und Swift, und zugleich mit Anlagegütern, z. B. Immobilien, Staatsanleihen und Fonds.

3.1.8 Der Goldstandard im historischen Kontext

Wirtschaftsgeschichtliche Untersuchungen befassen sich mit dem Goldstandard und seiner Funktionsweise, mit dem Free Banking System unter dem Goldstandard, mit privaten Münzprägungen im Wettbewerb zu staatlichen unter dem Goldstandard. Geldpolitische Vorschläge wurden in der Vergangenheit immer wieder gemacht, um eine Rückkehr zum Goldstandard zu ermöglichen, darunter von Henry Hazlitt und Murray Rothbard. Insbesondere George Selgin und Lawrence White haben sowohl Free Banking im historischen Kontext als auch moderne Herausforderungen analysiert.

3.1.9 Währungswettbewerb als Ordnung des Rechts und der Haftung

Eine konsequente Weiterentwicklung der Währungsordnung wäre ein Währungswettbewerb. Die Entnationalisierung der Währungen (F. A. Hayek), Bankenfreiheit oder Geldfreiheit stellen unterschiedliche Perspektiven einen solchen Wettbewerb dar. In allen Fällen setzt eine Währungsordnung des Rechts, der Haftung und des Wettbewerbs an strukturellen und nicht behebbaren Schwächen von Zentralbanksystemen an. Der Vorschlag einer Öffnung bis hin zur Abschaffung des Staatsmonopols erinnert an die historische Herausforderung vieler heute entmonopolisierter Branchen, darunter auch Post und Telekom, Fernsehen und Rundfunk. Eine konsequente Liberalisierung könnte einen evolutionären Ausweg aus dem zentralistischen Staatsgeldsystem ermöglichen.

3.1.10 Auf dem Weg zu makroökonomischer Stabilität

Mit unserer Thematisierung von gesundem Geld und dem Goldstandard ist die Grundlage für weitere Diskussionen über makroökonomische Stabilität, fiskalische Verantwortung und die Rolle des Staates für die Zuständigkeit und bei der Verwaltung wirtschaftlicher Kerntätigkeiten gelegt. Angesichts anhaltender Inflation und daraus resultierender Teuerung, absehbaren Finanz- und Staatsschuldenkrisen sowie Konjunkturschwankungen, denen regelmäßig mit staatlich-bürokratischen Ausgabenprogrammen begegnet wird, bleibt Geld respektive Geldpolitik ein Dauerthema.

3.2 Konjunkturzyklen: Die österreichische Konjunkturtheorie

3.2.1 Das Verständnis des Konjunkturzyklus

Bei der Untersuchung der Makroökonomie aus klassisch-liberaler und österreichischer Sicht steht die österreichische Konjunkturtheorie (ABCT) im Mittelpunkt. Die von Ökonomen wie Ludwig von Mises und Friedrich von Hayek entwickelte ABCT bietet eine einzigartige Perspektive auf die inhärenten Schwankungen der Wirtschaftstätigkeit, die als Konjunkturzyklen bekannt sind. Sie steht in Konkurrenz zu anderen Konjunkturtheorien, darunter keynesianische, Real Business Cycle und Behavioral Economics sowie endogene Konjunktur- und Wachstumstheorien.

3.2.2 Die Rolle der Zinssätze

Im Mittelpunkt der österreichischen Konjunkturtheorie steht der Einfluss der Zinssätze auf den Konjunkturzyklus. Nach Ansicht der klassischen Liberalen und Österreicher spielen Zinssätze eine zentrale Rolle bei der Koordinierung der zeitlichen Präferenzen der Menschen.

Das Konzept der Zeitpräferenz in der österreichischen Schule beschreibt die Präferenz der Menschen, Güter und Dienstleistungen eher in der Gegenwart als in der Zukunft zu konsumieren. Gegenwärtiger Konsum wird einem zukünftigen Konsum vorgezogen. Zukünftige Güter und Dienstleistungen werden diskontiert. Die Zinssätze beeinflussen die langfristige Kapitalbildung und wirtschaftliche Entwicklung.

Wenn die Zentralbanken die Zinssätze künstlich senken, kann dies zu einer Fehlallokation von Ressourcen und einer Verzerrung der natürlichen Kapitalstruktur der Wirtschaft führen.

Das liegt unter anderem an der Diskrepanz zwischen dem auf natürlich Weise entstehenden Geldzins, der Resultat der unterschiedlichen Zeitpräferenz der Marktteilnehmer ist, und den von wenigen Experten künstlich festgesetzten Zins einer Behörde – der Zentralbank.

3.2.3 Die Boomphase: Fehlinvestitionen und exzessive Kredite

Die ABCT geht davon aus, dass Unternehmen in einer Phase künstlich niedriger Zinsen dazu verleitet werden, in langfristige Projekte zu investieren, die auf lange Sicht möglicherweise nicht tragfähig sind. Diese Phase wird oft als Boomphase bezeichnet und ist durch eine erhöhte Kreditaufnahme, Fehlinvestitionen (Investitionen, die nicht den tatsächlichen Verbraucherpräferenzen und rentablen Projekten entsprechen) und eine Ausweitung der Kreditvergabe durch Banken gekennzeichnet. Dies ist die Zeit der Animal Spirits, der überhöhten Erwartungen, der Überhitzung der Konjunktur, die lediglich als Folge einer verfehlten Geld- und Zinspolitik gelten.

3.2.4 Die Bust-Phase: Wirtschaftskorrektur und Rezession

Wenn sich die Auswirkungen der künstlichen Boomphase entfalten, tritt die Wirtschaft in die Bust-Phase ein. Österreicher argumentieren, dass die Fehlallokationen von Ressourcen offensichtlich werden und ein Korrekturprozess einsetzt. Dies kann zu einer Rezession führen, wenn sich die Unternehmen an die wirtschaftliche Realität anpassen und Fehlinvestitionen aufgedeckt werden. Die Rezession ist dementsprechend Ausdruck einer notwendigen Bereinigung, einer Korrektur, bei der z. B. Unternehmen nicht überleben, weil sie schlecht geführt oder/und ungeeignete Produkte anbieten, nicht zuletzt im Verhältnis zu drängenderen Bedürfnissen.

3.2.5 Staatliche Interventionen und verlängerte Konjunkturzyklen

Kritiker der ABCT argumentieren, dass Konjunkturzyklen ein natürliches Merkmal von Marktwirtschaften sind und Interventionen notwendig sind, um die negativen Auswirkungen zu mildern. Die Österreicher halten dem entgegen, dass staatliche Eingriffe, wie Rettungsaktionen oder zusätzliche monetäre Anreize während eines Abschwungs, den Zyklus verlängern können, indem sie die notwendigen Marktkorrekturen verhindern. Die Folgen einer Verlängerung sind: Konjunkturprogramme verlieren immer mehr an Wirkung, es kann zu einer Sklerotisierung der Wirtschaft mit Zombieunternehmen kommen und einer sukzessive Krisenverschärfung, weil Probleme verschleppt werden.

3.2.6 Vergleiche mit anderen Theorien

Die ABCT steht in Konkurrenz mit anderen makroökonomischen Theorien, die Konjunkturzyklen auf externe

Schocks, Nachfragedefizite oder inhärente Instabilität in Marktwirtschaften zurückführen oder ergänzt diese. Die ABCT ist eine monetäre Theorie der Fehlinvestitionen aufgrund von zu billigem Zentralbankgeld und kann nicht jeden Konjunkturzyklus erklären. Eine gravierende Kritik setzt an dem mangelnden empirischen Nachweis der Theorie an. Hinzu kommen nicht hinreichend erklärte Entwicklungen wie das Erhöhen von Zinsen ohne Rezession oder die ausbleibende Verschiebung von Kapital aus dem Konsum- in den Investitionssektor.

3.2.7 Historische Anwendungen und Fallstudien

Um die praktischen Implikationen der ABCT zu veranschaulichen, lassen sich historische Anwendungen und Fallstudien anschauen. Durch die Untersuchung von Perioden des wirtschaftlichen Abschwungs und Aufschwungs erhalten wir Einblicke, wie die österreichische Konjunkturtheorie mit den Ereignissen der jeweiligen Zeit übereinstimmt oder von ihnen abweicht. Das Thema hat im Zuge der Finanz- und Staatsschuldenkrise mit anschließender Großer Rezession von 2007/08 an eine Fülle von Literatur hervorgebracht. Entwickelt und (historisch) angewendet wurde die ABCT bereits zuvor für die Weltwirtschaftskrise 1929 und die darauffolgende Große Depression. Ludwig von Mises und Friedrich A. von Hayek hatten 1927 das Wirtschaftsforschungsinstitut in Wien gegründet.

3.2.8 Die globale Finanzkrise von 2008

Zur Literatur über die globale Finanzkrise von 2008, die von verschiedenen Autoren durch die Brille der ABCT analysiert wurde, gehören Philipp Bagus, Thomas Woods, Russ Roberts, Thorsten Polleit und Michael von Prollius, Roland Baader, Gunther Schnabl und klassische Liberale wie Thomas Sowell und Arnold Kling. Sie zeigen, dass die Immobilienblase und der anschließende finanzielle Zusammenbruch zum Teil eine Folge der Geldpolitik und zum Teil eine Folge jahrzehntelanger Regulierungen und Interventionen waren, die exzessive Kredite und Fehlinvestitionen sowie Fehlentwicklungen im Immobiliensektor förderte. Moral Hazard, kognitives Versagen und Politikversagen sind zentrale Aspekte eines durch Manipulationen fehlgeleiteten und schließlich dysfunktionalen Systems.

3.2.9 Politische Implikationen und Empfehlungen

Nachdem wir wesentliche Aspekte der österreichischen Konjunkturtheorie behandelt haben, bieten sich Diskussionen über politische Implikationen und Empfehlungen an. Klassische Liberale und Österreicher plädieren dafür, in der Boomphase die Hände in den Schoß zu legen, Marktkorrekturen auf natürliche Weise zuzulassen und Interventionen zu vermeiden, die den Zyklus verschlimmern könnten. Handeln und Haften sollten in striktem Zusammenhang stehen. Preise müssen die Wahrheit widerspiegeln können, bei Zinsen genauso wie Immobilien.

3.3 Begrenzter Staat und fiskalische Verantwortung

3.3.1 Die Grundlagen des begrenzten Staates

Im Mittelpunkt der makroökonomischen Perspektive der klassischen Liberalen und Österreicher steht das Prinzip der begrenzten Staatsgewalt. Die Befürworter argumentieren, dass die Begrenzung des Umfangs und der Macht des Staates für die Aufrechterhaltung der wirtschaftlichen Stabilität, die Wahrung der individuellen Freiheiten und die Entfaltung eines dynamischen und reaktionsfähigen Marktes unerlässlich ist. Das liegt auch an einem gewissen Spannungsverhältnis: Die Angehörigen des Staates verfolgen – wie alle Menschen – primär ihre Interessen und haben Vorteile von einer Ausweitung der staatlichen Sphäre. Hingegen ist in klassisch-liberaler Perspektive ein über hoheitliche Aufgaben hinausgehendes, sogenanntes Gemeinwohl, das tatsächlich alle Menschen besserstellt, bereits schwer realistisch definierbar. Ökonomisch warnen klassische Liberale und Österreicher vor den Folgen staatlich verzerrter Märkte, gesellschaftspolitisch vor den Folgen für Demokratie und Recht.

3.3.2 Wirtschaftliche Freiheit und individuelle Freiheit

Klassische Liberale betonen, dass die Begrenzung der Reichweite des Staates gleichbedeutend ist mit dem Zulassen wirtschaftlicher und individueller Freiheit. Eine zurückhaltende Regierung ermöglicht es dem Einzelnen und den Vielen, organisiert z. B. in Unternehmen und Genossenschaften, wirtschaftliche Aktivitäten zur Verbesserung des Lebens zu entfalten. Von Frieden und Rechtssicherheit profitieren alle Marktteilnehmer. Kundenzufriedenheit und Selbstwirksamkeit sind wesentliche Begleiterscheinungen. Unternehmergeist, Innovation und die Verfolgung persönlicher Ziele zum eigenen Wohl und zum Nutzen der Mitmenschen werden beflügelt. In klassisch-liberaler Sicht, anders als in konservativer oder sozialdemokratisch-sozialistischer, sind Freiheitsbeschränkungen durch den Staat die größte Wohlfahrtsbremse. Staatlich administrierte Preisen täuschen positive Effekte oder vermitteln einen einseitigen Eindruck.

3.3.3 Die Gefahren staatlicher Eingriffe

Klassische und österreichische Ökonomen warnen vor den Gefahren staatlicher Interventionen in die Wirtschaft. Interventionen, so argumentieren sie, stören regelmäßig das natürliche Funktionieren der Märkte, verzerren Angebot und Nachfrage, sorgen für Fehlallokationen, Engpässe, Verschwendung und Ineffizienz. Als unbeabsichtigte Folge untergraben sie zugleich die Selbstkorrekturmechanismen, die freien Marktsystemen eigen sind. Zugleich verfolgen Vertreter des Staates respektive die Staatsbürokratie aus klassisch-liberaler Sicht andere Interessen und verfügen über ein anderes, vergleichsweise mangelbehaftetes Wissen als Konsumenten und Unternehmer sowie die aus einer spontanen Koordination vielfältiger Aktivitäten hervorgehende Ordnung. Zudem wirken staatliche Eingriffe wie ein Sperrklinkeneffekt – sie werden kaum mehr zurückgenommen, sondern bleiben bestehen und werden verstärkt.

3.3.4 Finanzielle Verantwortung und ausgeglichene Haushalte

Fiskalische Verantwortung ist ein Eckpfeiler der Philosophie der begrenzten Staatsgewalt. Klassische Liberale und Österreicher plädieren für ausgeglichene Haushalte und eine umsichtige Finanzpolitik. Sie sind der umfassend begründeten Ansicht, dass übermäßige Staatsausgaben, Defizite und die Anhäufung von Schulden besonders langfristig negative Auswirkungen auf Stabilität und Prosperität der Wirtschaft haben. Das gilt auch für die hohe Belastung von privaten Haushalten und Unternehmen durch Steuern und Abgaben, die zur Finanzierung von Staatsausgaben und Staatsapparaten unerlässlich sind. Regelmäßig weisen sie darauf hin, dass die Staatsausgaben übermäßig für Konsum und zu wenig für Investitionen verwendet werden. Zudem verdrängen Staatsausgaben private Ausgaben.

3.3.5 Die Last der Staatsverschuldung

Die Auswirkungen der Staatsverschuldung auf künftige Generationen sind für klassische Liberale und Österreicher ein wichtiges Anliegen. Sie argumentieren, dass eine ständig wachsende Staatsverschuldung zu höheren Steuern, geringeren wirtschaftlichen Möglichkeiten und einer potenziellen Belastung künftiger Generationen führen kann, die deren wirtschaftliches Wohlergehen beeinträchtigt. Zugleich führen die steigenden Ausgaben zu steigenden Zinsausgaben für Kredite, was eine Politik des billigen Geldes zur Staatsfinanzierung und zu Lasten der Bevölkerung forciert. Die Kaufkraft schwindet, die Teuerung belastet besonders die weniger Wohlhabenden und die arme Bevölkerung. Eine hohe Staatsverschuldung verschlechtert zudem die Standortbedingungen und kann zu einer Abwärtsspirale aus Verschuldung, Geldentwertung, Stagnation und Schrumpfen führen.

3.3.6 Die Rolle des Staates in Wirtschaftskrisen

Obwohl die Begrenzung des Staates ein Leitprinzip ist, erkennen einige konsequente Liberale eine Rolle des Staates bei der Bewältigung spezifischer Marktversagen oder Krisen an, etwa Wilhelm Röpke in der Weltwirtschaftskrise 1932 («sekundäre Depression»). Die Interventionen müssen dann jedoch gezielt auf die Problemlösung gerichtet, geeignet und zeitlich begrenzt sein. Das liegt auch daran, dass in der Realität keine klassisch-liberale Welt existiert und eine politische Krise wie die Weltwirtschaftskrise ab 1929 drastische politische Folgen barg. In der Weltfinanzkrise ab 2008 sollte vergleichbar das Finanzsystem vor einem Kollaps bewahrt werden – die Bürger dementsprechend vor den Folgen eines Bankenkollaps. Österreicher plädieren hingegen stärker für das Zulassen auch drastischer Bereinigungen, vor allem aber frühzeitige mildere Bereinigungen.

Zugleich werden in der Realität Wirtschaftskrisen maßgeblich durch politische Fehlgriffe verursacht, argumentieren Liberale, die ein weiteres Eingreifen und eine sogenannte Stabilisierung von Märkten für den Moment, angebracht erscheinen lassen. Zwischen klassischen Liberalen und Österreichern gibt es diesbezüglich divergierende Ansichten, zumal beide Strömungen eine Bandbreite an Positionen verkörpern.

3.3.7 Alternativen zu staatlichen Eingriffen

Klassische Liberale und Österreicher untersuchen alternative Mechanismen zur Bewältigung wirtschaftlicher Herausforderungen, ohne auf umfangreiche staatliche Eingriffe zurückzugreifen. Dazu gehört die Förderung des Wettbewerbs, der Schutz von Eigentumsrechten und das Ermöglichen einer natürlichen Anpassung der Marktkräfte an veränderte Bedingungen so früh wie möglich. Interventionsfreie oder -arme Systeme würden eine Vielzahl dezentraler Stabilisierungsmechanismen entwickeln, die z. B. schon im 18. Jahrhundert Kunden von einem Bankenrun abgehalten haben. Freie Preise signalisieren Probleme und geben Anreize für private Aktivitäten, gerade auch im Fall von (Natur-) Katastrophen, die privat regelmäßig schneller und wirksamer als staatliches Handeln erfolgen (Mercatus Center Gulf Coast Recovery Project).

3.3.8 Hayeks Kritik am konstruktivistischen Rationalismus

Friedrich A. von Hayeks Kritik am konstruktivistischen Rationalismus betont die Gefahren einer zentralen Planung. Er argumentiert, dass das Wissen, das für das Management einer komplexen Wirtschaft erforderlich ist, bei den Individuen verstreut liegt und von zentralen Behörden nicht effektiv identifiziert und aggregiert werden kann. Der Versuch, dies zu tun, führt regelmäßig zu unbeabsichtigten Folgen und wirtschaftlicher Ineffizienz sowie Krisen.

3.3.9 Reale Beispiele für den Erfolg der begrenzten Staatsgewalt

Eine Politik der begrenzten staatlichen Einflussnahme trägt zum wirtschaftlichen Erfolg bei. Fallstudien zeigen wie Länder, die sich fiskalische Verantwortung und begrenzte Interventionen auf die Fahnen geschrieben haben, ein kräftiges, langjähriges Wirtschaftswachstum und Wohlstand erreicht haben – im Gegensatz zu Ländern bei denen das nicht das Fall ist. Das prominenteste Beispiel ist der Aufstieg Chinas nach marktwirtschaftlichen Reformen und bis zur jüngsten Wende. Zuvor waren die asiatischen Tigerstaaten ein regelmäßig angeführtes Beispiel. Zudem lassen sich Botswana in Afrika, Argentinien zu Beginn des 20. Jahrhunderts in Südamerika und die USA bis zur Großen Depression nennen, in Europa die Schweiz. Beispiele verfehlter Staatstätigkeit sind neben der UdSSR und der DDR sowie Venezuela und Nordkorea auch Großbritannien nach dem Zweiten Weltkrieg, Argentinien in den letzten Jahrzehnten, aktuell der relative Abstieg Deutschlands.

3.3.10 Herausforderungen und aktuelle Debatten

Diskutieren Sie die Herausforderungen und reflektieren Sie die aktuellen Debatten hinsichtlich einer begrenzten Staatstätigkeit und fiskalischer Verantwortung. Anhand des laufenden Diskurses lässt sich untersuchen, wie diese Grundsätze angesichts der sich wandelnden wirtschaftlichen, sozialen und politischen Landschaft in unterschiedlichen Ländern angewandt werden.

3.4 Handel und komparativer Vorteil in einem freien Markt

3.4.1 Die Grundlagen des Freihandels

In der makroökonomischen Sphäre, die hier in der klassisch-liberalen und österreichischen Perspektive betrachtet wird, stellt Freihandel ein grundlegendes Prinzip dar. Uneingeschränkter Handel fördert den wirtschaftlichen Wohlstand, regt zur Arbeitsteilung und Spezialisierung an und ermöglicht den Nationen, durch ihre komparativen Vorteile Kapital zu schlagen. Eine weltweit effiziente(re) Ressourcenallokation ist eine Folge. Nationale Grenzen gelten in ethischer Hinsicht als keine hinreichende Begründung den Handel im Vergleich zum Handel im Inland zu beschränken. Die Abkehr vom Freihandel gilt als konfliktschüren: «Wenn nicht Güter Grenzen überqueren, werden es Soldaten tun.» (Frédéric Bastiat)

3.4.2 Komparativer Vorteil und Spezialisierung

Klassische Liberale und Österreicher stützen sich auf David Ricardos Theorie des komparativen Vorteils, um die Vorzüge der Spezialisierung zu betonen. Durch die Konzentration auf die Produktion von Gütern und Dienstleistungen, bei denen sie einen komparativen Vorteil haben, können Nationen ihre Effizienz verbessern, die Produktivität steigern und die gesamte Wirtschaftsleistung erhöhen. Die komparativen Vorteile gelten mit Ludwig von Mises auch für Einzelpersonen (Vergesellschaftsgesetz, Gesetz der Assoziierung). Zugleich steht insbesondere für Österreicher weniger die Nation im Vordergrund als vielmehr die ungehinderte Kooperation und arbeitsteilige Spezialisierung durch freien Fluss von Kapital, Arbeitskräften und Wissen.

3.4.3 Freiwilliger Austausch und gegenseitiger Nutzen

Das Herzstück des Freihandels ist das Konzept des freiwilligen Austauschs. Klassische Liberale argumentieren, dass Einzelpersonen, Unternehmen und Nationen Handel treiben, wenn beide Parteien einen Nutzen darin sehen. Dieser Nutzen besteht, sobald beide Seiten der Auffassung sind, sich jeweils durch den Tausch besserzustellen. Über Wohlstand und wirtschaftliche Effizienz hinaus sehen Liberale im Handel eine Förderung der Zusammenarbeit und der friedlichen Beziehungen weltweit, befördert durch guten Willen, Verständnis und Frieden. Kapitalistischer Friede ist eine Bezeichnung, die die positiven ökonomischen und politischen Wirkungen zusammenfasst.

3.4.4 Protektionismus und seine Fallstricke

Kritiker des Freihandels plädieren häufig für protektionistische Maßnahmen wie Zölle oder Quoten, um die heimische Industrie vor ausländischer Konkurrenz zu schützen. Klassische Liberale und Österreicher warnen jedoch vor Protektionismus mit vielseitigen Argumenten, nämlich dass er Marktsignale verzerrt, die Wahlmöglichkeiten der Verbraucher einschränkt und die Produkte verteuert sowie zu Vergeltungsmaßnahmen führen kann, die dem Wohlstand schaden. Auch bei Dumping und der Forderung, dagegen Schutzzölle zu erheben, lautet das Argument, dass man die anteilige Finanzierung des inländischen Konsums durch ausländische Staaten nicht zu Lasten der Verbraucher verteuern sollte. Protektionismus stiftet demnach im internationalen Handel genauso viel Schaden wie er das im Inland tun würde.

3.4.5 Der Trugschluss des Nullsummenspiels

Klassische Liberale und Österreicher kritisieren den Trugschluss des Nullsummenspiels, der oft mit dem Handel in Verbindung gebracht wird. Sie argumentieren, dass Handel kein Win-Lose-Szenario ist, sondern vielmehr stets beide Seiten besserstellt, zumindest in der Erwartung. Der Tausch von Gütern und Dienstleistungen gegen Geld stellt sowohl den Hersteller als auch den Nutzer besser als ohne den Tausch. Der Kuchen wächst und ist eben nicht im Vorhinein festgelegt. Deshalb konnten hunderte Millionen Menschen der Armut auf allen Kontinenten entkommen. Die Ausweitung des globalen Marktes, so argumentieren sie, schafft mehr Möglichkeiten für Innovation, Effizienz und Wohlstand, die allen Teilnehmern zugutekommen. Internationale Arbeitsteilung und internationaler Wettbewerb unterscheiden sich nicht von nationalem, nur weil die Tauschpartner statt in Berlin und München in Berlin und Kalkutta sitzen.

3.4.6 Globalisierung und wirtschaftliche Integration

Globalisierung kann primär als Erweiterung der Freihandelsgrundsätze betrachtet und untersucht werden. Klassische Liberale und Österreicher bewerten die wirtschaftliche Integration als natürliches Ergebnis des Strebens nach komparativen Vorteilen, das zu verstärkter Spezialisierung, Effizienz und dem Zugang zu verschiedenen Märkten führt. Mit den Worten von Donald Boudreaux: «Es steht außer Frage, dass der Handel den Lebensstandard weltweit verbessert hat.» Und etwas ausführlicher: «Die Arbeitsteilung wird vertieft, die Menschen können sich stärker auf das spezialisieren, was sie am besten können, und wenn die Menschen sich nicht nur spezialisieren und mit ihren Nachbarn Handel treiben, sondern sich auch spezialisieren und mit Menschen auf der anderen

Seite des Globus Handel treiben, erhalten sie die besten Talente aus der ganzen Welt, die ihnen helfen, ihren Lebensstandard zu verbessern, und die ihnen als Markt dienen, um ihre Talente so gut wie möglich zu entwickeln.»

3.4.7 Währungsumtausch und die Rolle der Märkte

Im Zusammenhang mit dem internationalen Handel spielen die Wechselkurse eine entscheidende Rolle. Klassische Liberale argumentieren, dass die Festlegung von Währungswerten durch Marktkräfte die Stabilität fördert und die wahren wirtschaftlichen Bedingungen der Nationen widerspiegelt. Versuche, Währungen zu manipulieren, können zu Verzerrungen und unbeabsichtigten Folgen führen. Dazu gehören übermäßige Verschuldung, Devisenknappheit, Mangel an Importgütern und Arbeitslosigkeit sowie der Niedergang ganzer Branchen. Unter dem Goldstandard löste z. B. eine übermäßige Staatsverschuldung den Abfluss des Goldes ins Ausland automatisch aus und wirkte als Verschuldungsbremse.

3.4.8 Beispiele für den Erfolg des Freihandels in der Praxis

Beispiele aus der Praxis, die den Erfolg der Freihandelspolitik veranschaulichen, gibt es in Hülle und Fülle. Fallstudien zeigen wie Länder, die sich für offene Märkte entschieden haben und infolgedessen ein beträchtliches Wirtschaftswachstum verzeichnen sowie den Lebensstandard ihrer Bürger verbessern konnten. Das beeindruckendste jüngste Beispiel zeigt den positiven Effekt für mehrere Hundert Millionen Menschen: China. Eine wesentliche Voraussetzung für den wirtschaftlichen und gesellschaftlichen Wiederaufstieg Deutschlands nach der totalen Niederlage im Zweiten Weltkrieg war die Integration in den Welthandel. Die Vorläufer der EU wurden als Gemeinschaften des Freihandels gegründet und weiterentwickelt. Die globalen Welthandelsrunden mit beträchtlichen Zollsenkungen haben enormen Wohlstand für die Menschen in allen teilnehmenden Ländern gebracht. Die aktuellste Untersuchung von Hufbauer und Hogan berechnet den Wohlfahrtsgewinn durch Freihandel und kommt zu dem Ergebnis, dass das BIP in den USA für jede Milliarde Freihandel und zusätzliche 30% höher liegt. Zudem zeigen mehrere Literaturberichte, dass Globalisierung und Freihandel zu verbesserten Menschenrechten führen.

3.4.9 Aktuelle Handelsdebatten

Das Kapitel lässt sich mit einem Impuls schließen, aktuelle Handelsdebatten zu erörtern, die sich mit der Komplexität von Handel und komparativen Vorteilen befassen. Von regionalen Handelsabkommen bis hin zu Bedenken über die Verdrängung von Arbeitsplätzen. Regelmäßig werden (vermeintliche) Währungskriege thematisiert, wird sogenannter Protektionismus – die Verbraucher werden nicht geschützt – seit der großen Schutzzolldebatte um die Jahrhundertwende propagiert, zeitigen Währungskrisen bei überschuldeten Ländern drastische Folgen für die Masse der Bevölkerung, zuletzt unter anderem in Südamerika und im arabischen Raum. Hinzu kommen Debatten um ein «Decoupling» von China und nationale bzw. regionale Autarkie. Sicherheitspolitische Ziele können mit Freihandel in Konflikt geraten. Ein Verständnis des Facettenreichtums dieser Diskussionen auf der Grundlage der Freihandelsdoktrin erscheint hilfreich.

4. BETRIEBSWIRTSCHAFTSLEHRE

in klassisch-liberaler und österreichischer Perspektive

«Die Aufgabe des Unternehmers besteht darin, heterogene Kapitalressourcen zu kombinieren und zu rekombinieren, um Gewinne zu erzielen (und Verluste zu vermeiden)», konstatiert Peter G. Klein. Unternehmerisches Handeln beginnt mit der Interpretation der gegenwärtigen (objektiven) Bedingungen durch den Unternehmer, seinen Überzeugungen über mögliche zukünftige Zustände der Welt, z. B. ein profitables Produkt oder Unternehmen, und seinen Erwartungen sowie seinem Vertrauen in seine Fähigkeit, diese mögliche Zukunft zu erreichen. Der Unternehmer handelt dann oder unterlässt es, wobei Erfolg oder Misserfolg *ex post* bestimmt werden.

4.1 Dezentralisierte Entscheidungsfindung in Organisationen

4.1.1 Das Wesen der Dezentralisierung

Im Bereich der Betriebswirtschaft lässt sich in Tradition klassisch-liberaler und österreichischer Ökonomen an eine dezentrale Entscheidungsfindung auch in Organisationen anknüpfen – auf der Grundlage von Privateigentum, subjektiven Präferenzen und individueller Wertschätzung sowie Wettbewerb. In diesem Kapitel wird skizziert, wie die Prinzipien der individuellen Freiheit und der spontanen Ordnung auf die internen Strukturen von Unternehmen angewendet werden können, wobei die Vorteile der Dezentralisierung hervorgehoben werden.

4.1.2 Das Plädoyer für individuelle Autonomie

In klassisch-liberaler Perspektive stärkt Dezentralisierung den Einzelnen innerhalb von Organisationen, indem sie ihm eine größere Autonomie zugesteht. Wenn die Entscheidungsbefugnis verteilt ist, können Mitarbeiter auf verschiedenen Ebenen fundierte Entscheidungen treffen, die ihrem Fachwissen und ihrer Erfahrung entsprechen. Diese Autonomie fördert das Gefühl von Eigenverantwortung und Verantwortlichkeit, das als Begriff Selbstwirksamkeit zunehmend Verbreitung findet. Zugleich kann individuelle Autonomie in selbst organisierten Teams agilere Arbeitsweisen mit hoher Selbstmotivation ermöglichen.

4.1.3 Spontane Ordnung in der Wirtschaft

österreichische Ökonomen können das Konzept der spontanen Ordnung auf die internen Abläufe von Unternehmen ausdehnen. Die Idee ist, dass eine spontane und effiziente Ordnung innerhalb der Organisation entsteht, wenn Einzelpersonen frei sind, Entscheidungen auf der Grundlage lokaler Kenntnisse und unmittelbarer Umstände zu treffen. Dies steht im Gegensatz zu einer zentralisierten, von oben nach unten gerichteten Organisation mit geplanten, abgegrenzten Zuständigkeiten und deren Kontrolle. Die Trennung zwischen spontaner Ordnung (Wirtschaft und Gesellschaft) und zielgerichteter Organisation (Unternehmen) gilt weiterhin.

4.1.4 Marktähnliche Prozesse und Selbstorganisation innerhalb von Organisationen

Indem sie verschiedenen Abteilungen oder Teams ein gewisses Maß an Autonomie zugestehen, können Organisationen die Kreativität, Anpassungsfähigkeit und Problemlösungsfähigkeit ihrer Mitarbeiter nutzen, ähnlich wie der Markt auf individuelle Präferenzen reagiert. Moderne Arbeitsweisen, die insbesondere aus dem IT-Alltag stammen, wie Scrum und agil, stehen im Einklang mit den österreichischen Erkenntnissen über Prozesse, die Freiheit des Individuums und den Austausch zwischen gleichrangigen Menschen. Dezentrale Selbst- und Projektorganisation steht österreichischen Ideen näher als eine zentralisierte Unternehmensbürokratie. Zugleich gilt: Unternehmen sind Organisationen, keine Märkte. Außerdem sind Unternehmen Kooperationsarenen.

4.1.5 Unternehmertum auf allen Ebenen

Klassische Liberale und Österreicher betonen das unternehmerische Potenzial in jedem Mitarbeiter («Lebensunternehmer»). Wenn die Entscheidungsfindung dezentralisiert ist, kann jeder Einzelne in der gesamten Organisation als Unternehmer agieren und Möglichkeiten für Verbesserungen, Innovation und Effizienz erkennen. Dieser Unternehmergeist trägt zur Gesamtdynamik des Unternehmens bei. Zugleich geht damit eine Selbstmotivation einher. Projekte sind flexibler als Hierarchien. Indes erfordern unterschiedliche Unternehmensumwelten unterschiedliche Formen der Organisation und Führung.

4.1.6 Informationsfluss und Wissensverbreitung

Dezentralisierung erleichtert den Informationsfluss innerhalb einer Organisation. Klassische Liberale argumentieren, dass die Entscheidungsträger auf lokaler Ebene oft besser über die spezifischen Informationen verfügen, die für ihre Aufgaben relevant sind. Diese Verteilung von Wissen ermöglicht eine schnellere Reaktion auf Marktveränderungen und fördert eine agilere und anpassungsfähigere Organisationsstruktur. Zugleich lassen sich Economies of Scale und Scope durch Standardisierungen erzielen. Kernkompetenzen müssen als kollektive Lernprozesse und Fähigkeiten innerhalb eines Unternehmens, die einen komparativen Vorteil darstellen, nicht dezentral begründet sein.

4.1.7 Koordinierung durch marktähnliche Mechanismen

Dezentralisierte Entscheidungsfindung durch marktähnliche Mechanismen kann zur Koordination innerhalb von Organisationen führen. Anstatt sich auf eine zentrale Planung zu verlassen, entwickelt sich die Koordination organisch, da die Individuen auf Signale aus ihrem unmittelbaren Umfeld reagieren, was die Effizienz und Anpassungsfähigkeit fördert und gegen skleroterisierende Gatekeeper wirkt. Beispiele sind:

▶ Interne Märkte für die Ressourcenallokation. Unternehmen wie Google nutzen interne Märkte für die Zuweisung von Ressourcen. Abteilungen oder Teams bieten auf der Grundlage ihres Projektbedarfs und ihrer potenziellen Erträge um Ressourcen wie Finanzmittel oder Personal.

▶ Aktienoptionen für Mitarbeiter, die sich wie individuelle Marktteilnehmer verhalten, die Entscheidungen treffen, von denen sie glauben, dass sie den Wert des Unternehmens steigern.

▶ Projektbasierte Teams mit Eigenverantwortung. Unternehmen wie Spotify und lange zuvor 3M organisieren sich um autonome Teams, d. h. kleine, funktionsübergreifende Teams, die für bestimmte Funktionen oder Dienstleistungen oder Produkte/Kunden zuständig sind. Diese Teams arbeiten wie Mini-Unternehmen innerhalb des Unternehmens und treffen Entscheidungen auf der Grundlage von Kundenfeedback und Markttrends.

4.1.8 Herausforderungen

Obwohl die Dezentralisierung zahlreiche Vorteile bietet, existieren auch Herausforderungen und potenzielle negative Folgen einer Dezentralisierung. Dazu zählen Koordinationsschwierigkeiten, die einer kohärenten Strategie und einer Ausrichtung auf die Gesamtziele des Unternehmens im Wege stehen. Das schließt Ineffizienzen und mangelnde Synergie ein. Zudem bleiben Konflikte bei der Ressourcenzuteilung bestehen, die zur Vermittlung möglicherweise einer zentralen, entscheidenden Instanz bedürfen, um Prioritäten zu setzen. Schließlich kann dezentralisierte Entscheidungsfindung zu uneinheitlicher Qualität und uneinheitlichen Standards führen. Unabhängig voneinander arbeitende Teams können unterschiedliche Praktiken, Tools und Standards anwenden, was die Markenidentität verwässern und zu uneinheitlichen Kundenerfahrungen führen kann. Vor allem ist Dezentralität komplexer und weniger behrrschbar.

Das richtige Gleichgewicht zwischen Autonomie und Koordination, die Bewältigung potenzieller Konflikte und die Sicherstellung der Übereinstimmung mit den übergeordneten Organisationszielen sind wesentliche Aspekte, die einer sorgfältigen Prüfung und Abwägung im konkreten Fall(beispiel) bedürfen.

4.1.9 Fallstudien zum Erfolg der Dezentralisierung

Fallstudien aus der Praxis zeigen Organisationen, die erfolgreich dezentralisierte Entscheidungsprozesse eingeführt haben. Diese Beispiele veranschaulichen, wie Unternehmen durch die Befähigung ihrer Mitarbeiter und die Einführung einer spontanen Ordnung Innovation, Effizienz und nachhaltiges Wachstum erreicht haben. – Dazu gehören auf einer oberen Führungsebene die divisionale Struktur eines Unternehmens mit halbautonomen Einheiten auf der Grundlage von Produktlinien, geografischen Regionen oder Marktsegmenten. Jeder Geschäftsbereich arbeitet wie ein eigenständiges Unternehmen mit einem eigenen Managementteam, das für seine Leistung, Strategie und Entscheidungsfindung verantwortlich ist.

Auf der Arbeitsebene werden Teams ermächtigt und befähigt, die mit eigenen Budgets, Zeitplänen und Prozessen neue Produkte und Verfahren entwickeln. Über Innovationen hinaus kann schneller auf Marktveränderungen und spezifische Kundenwünsche reagiert werden.

Grundsätzlich minimiert eine flache Organisationsstruktur die Hierarchieebenen zwischen den Mitarbeitern und dem oberen Management sowie die in Großunternehmen herrschende Bürokratie. Mitarbeiter werden auf allen Ebenen ermutigt, Initiative zu ergreifen und Ideen einzubringen. In einem Startup-Unternehmen mit einer flachen Struktur können beispielsweise Softwareentwickler technische Entscheidungen selbständig treffen und neue Produktfunktionen vorschlagen.

4.1.10 Kulturelle Veränderungen und die Rolle der Führungsebene

Dezentralisierung erfordert oft einen Kulturwandel in Organisationen. Praktische Beispiele stehen im Einklang mit klassisch-liberalen und österreichischen Auffassungen zur Rolle der Führung bei der Förderung einer Kultur, die individuelle Autonomie, Unternehmergeist und dezentralisierte Entscheidungsfindung schätzt. Eine wirksame Führung ist für die Bewältigung dieses Wandels von wesentlicher Bedeutung.

► **Ricardo Semler**, CEO von Semco, förderte eine Kultur der Dezentralisierung und individuellen Autonomie in seinem Unternehmen. Durch die Einführung von flexiblen Arbeitszeiten, selbstverwalteten Teams und transparenten Entscheidungsprozessen ermutigte er die Mitarbeiter, Verantwortung zu übernehmen und unternehmerisches Denken zu entwickeln. Diese Maßnahmen führten zu einer erhöhten Motivation, Innovationskraft und Produktivität. Semlers Ansatz zeigt, wie Führungskräfte durch Vertrauen und Empowerment eine Kultur schaffen können, die auf Dezentralisierung und individuellem Unternehmergeist basiert.

► **Bill Gore**, Gründer von W. L. Gore & Associates, etablierte eine dezentralisierte und teamorientierte Unternehmenskultur, bekannt als Lattice Organization. In dieser Struktur gibt es keine traditionellen Managementhierarchien; stattdessen arbeiten die Mitarbeiter in selbstorganisierten Teams. Führung wird als eine Funktion angesehen, die auf natürlichem Einfluss und Fachkompetenz basiert, nicht auf formalen Titeln. Diese Kultur fördert Innovation und Kreativität, da Mitarbeiter ermutigt werden, ihre Ideen frei zu äußern und Projekte eigenverantwortlich voranzutreiben. Gores Ansatz zeigt, wie effektive Führung die Dezentralisierung und den Unternehmergeist in einem Unternehmen stärken kann.

▶ Im deutschsprachigen Raum ist **Reinhard K. Sprenger** ein herausragender klassisch-liberaler Managementtheoretiker und -praktiker nicht zuletzt für Führung, der zahlreiche (berufs)alltagstaugliche Einsichten und Einschätzungen bietet.

4.2 Koordination und Entscheidungen unter Unsicherheit

4.2.1 Contract, Capabilities, Coordination als österreichische Beiträge

Obwohl sich die österreichische Volkswirtschaftslehre traditionell nicht sehr intensiv mit der Theorie des Unternehmens befasst hat, bietet sie wertvolle Einsichten, die zeitgenössische Theorien ergänzen, darunter die Vertragstheorie und der Fähigkeiten-Ansatz.

Der **vertragstheoretische Ansatz** (Contract) begreift das Unternehmen als ein Geflecht von Verträgen und konzentriert sich auf Anreizstrukturen und Eigentumsrechte. Diese Perspektive unterstreicht die Rolle des Unternehmens bei der Koordinierung und Steuerung wirtschaftlicher Aktivitäten.

Der **Fähigkeiten-Ansatz** (Capabilities) betrachtet das Unternehmen als eine Ansammlung einzigartiger, unternehmensspezifischer Kenntnisse und Fähigkeiten, die den Wettbewerbsvorteil ausmachen. Das unternehmerische Urteilsvermögen ist bei der Zusammenstellung und dem effektiven Einsatz von Ressourcen entscheidend (Ressourcen basierte Sichtweise und Fähigkeiten).

Die österreichische Sichtweise betont die Rolle des Unternehmens bei der Koordinierung und Nutzung von verteiltem Wissen und nutzt dazu die Hayek'schen Erkenntnisse über deren Verteilung und Generierung in einer Gesellschaft sowie seine Warnung von einer Anmaßung. Stets heben Österreicher das Unternehmertum als entscheidenden Faktor auf Märkten hervor, bei dem die Unternehmer Chancen entdecken und nutzen.

4.2.2 Unternehmensgrenzen und -organisation

Klassische Liberale untersuchen, warum Unternehmen existieren und wie sie ihre Grenzen bestimmen. Die Transaktionskostenökonomie, insbesondere die Arbeiten von Ronald Coase und Oliver Williamson, steht im Mittelpunkt dieser Diskussion. Unternehmen entstehen, wenn die Kosten für die Nutzung des Marktes höher sind als die Kosten für die interne Organisation. Zudem können Hierarchien Unsicherheiten durch Zentralisierung der Entscheidungsfindung verringern und damit Transaktionen effizienter machen. Zugleich kann Dezentralisierung das unternehmerische Urteilsvermögen auf verschiedenen Ebenen der Organisation stärken. Es gehört zu den unternehmerischen Herausforderungen, Strukturen und Prozesse zu finden, die Markterfolg und Innovationen unterstützen.

4.2.3 Koordination und Kognition

Eine spezifisch österreichische Sichtweise ist die Koordinationsperspektive: Unternehmen werden als Einheiten betrachtet, die lokalisierte Entdeckungsprozesse erleichtern. Dies beinhaltet die Organisation unvollständiger Verträge und die Förderung gemeinsamer kognitiver Rahmenbedingungen. Dabei werden Unternehmen als kognitive Einheiten betrachtet, die verteiltes Wissen verwalten und nutzen, um Marktunsicherheiten zu bewältigen und Innovationen zu schaffen. Eine zentrale Bedeutung besitzt dabei das Urteilsvermögen zur Bewältigung von Unsicherheiten und für das Schaffung von Werten in komplexen, dynamischen Umgebungen.

4.2.4 Entscheidungen unter Unsicherheit

österreichisch inspirierte Ökonomen wie Peter G. Klein und Nicolai J. Foss untersuchen die Rolle des unternehmerischen Urteilsvermögens bei der Organisation und Führung von Unternehmen. Sie betrachten, wie Unternehmer ihr Urteilsvermögen einsetzen, um Unternehmen zu gründen, zu führen und zu erhalten. Unternehmerisches Urteilsvermögen gilt als die Fähigkeit, Entscheidungen unter Unsicherheit zu treffen. Ungewissheit kann im Gegensatz zu kalkulierbarem Risiko nicht einfach gemessen oder gesteuert werden. Unternehmer investieren Ressourcen in der Hoffnung auf zukünftige Erträge, oft ohne klare oder vollständige Informationen.

4.2.5 Dynamische Fähigkeiten und Marktprozess

Auf der ressourcenbasierten Sichtweise baut das Konzept der dynamischen Fähigkeiten auf. Dabei handelt es sich um die Fähigkeit des Unternehmens, interne und externe Kompetenzen zu integrieren, aufzubauen und stetig neu zu konfigurieren, um auf ein sich schnell veränderndes Umfeld zu reagieren. Österreicher betrachten Märkte als dynamische Prozesse, die eben durch unternehmerische Entdeckungen und Wettbewerb als Entdeckungsprozess angetrieben werden. Unternehmer spielen eine entscheidende Rolle bei der Steuerung dieses Prozesses, indem sie Chancen erkennen und nutzen.

4.2.6 Subjektivismus, Wissen und Entdeckung

Die österreichische Volkswirtschaftslehre betont die subjektive Natur des Wertes und den verstreuten Charakter des Wissens. Unternehmer werden als Individuen betrachtet, die ihr einzigartiges Wissen und Urteilsvermögen einsetzen, um Chancen zu entdecken und zu nutzen. Das Konzept der unternehmerischen Entdeckung, das von Israel Kirzner intensiv bearbeitet wurde, ist für die österreichische Schule von zentraler Bedeutung. Unternehmer sind wachsam gegenüber bislang unbemerkten Gelegenheiten, sie koordinieren und nutzen Arbitrage.

4.2.7 Beiträge zur Unternehmenstheorie

Wissenskoordination: Die österreichische Wirtschaftswissenschaft liefert ein tieferes Verständnis dafür, wie Unternehmen verteiltes Wissen nutzen und Handlungen in unsicheren Umgebungen koordinieren. Ihre Entscheidungen prägen die Struktur und Dynamik des Marktes und beeinflussen, welche Waren und Dienstleistungen produziert werden.

Unternehmertum: Durch die Konzentration auf unternehmerische Entdeckungen unterstreicht der österreichische Ansatz die dynamische und anpassungsfähige Natur von Unternehmen.

Kognitive Rolle von Unternehmen: Die Vorstellung, dass Unternehmen als kognitive Einheiten agieren, die Entdeckungsprozesse organisieren, bietet eine Perspektive, die sich von rein anreiz- oder fähigkeitsbasierten Sichtweisen unterscheidet.

Unternehmen könne in der subjektivistischen Perspektive der österreichischen Schule dann einen Wettbewerbsvorteil erzielen, wenn die Verbraucher zu einem bestimmten Zeitpunkt ein bestimmtes Wertangebot einem anderen vorziehen. Objektive Kriterien wie Ressourcenvorteile gibt es hingegen nicht.

4.2.8 Überleitung empathische Kundenperspektive

Konsumentensouveränität bezeichnet für Österreicher und klassische Liberale die Macht, die die Verbraucher über den Produktionsprozess ausüben, indem sie kaufen oder nicht kaufen. Kunden nutzen physische Güter und Dienstleistungen als Verbraucher (B2C) oder als Unternehmen respektive Endnutzer (B2B).

Die Kundenterminologie betont die Grundsätze der empathischen Diagnose zur Ermittlung und zum Verständnis von Wünschen und Bedürfnissen sowohl von Verbrauchern von Wirtschaftsgütern als auch von Kunden von Unternehmensdienstleistungen. Das ermöglicht neue Impulse für das Konzept der Kundenzentrierung und für agiles Arbeiten, das frühestmöglich und konsequent auf den Kundennutzen abzielt.

4.3 Ethische Geschäftspraktiken im Rahmen der freien Marktwirtschaft

4.3.1 Die Grundlage ethischer Geschäftspraktiken

Im Kontext einer von klassisch-liberalen und österreichischen Grundsätzen geprägten Unternehmensführung spielt Ethik eine wichtige Rolle. In diesem Kapitel wird thematisiert, wie ethische Überlegungen in einen marktwirtschaftlichen Rahmen integriert werden, wobei der freiwillige und kooperative Charakter ethischer Geschäftspraktiken betont wird.

4.3.2 Individuelle Verantwortung und Rechenschaftspflicht

Klassische Liberale argumentieren, dass ethisches Verhalten in der Wirtschaft in der Verantwortung des Einzelnen begründet ist. In einem marktwirtschaftlichen Umfeld ist der Einzelne frei, Entscheidungen zu treffen, die mit seinen Werten und Prinzipien übereinstimmen. Ethische Geschäftspraktiken beginnen daher mit der Anerkennung der individuellen Verantwortung für das eigene Handeln im geschäftlichen Umfeld. Kollektive Verantwortung gibt es nicht.

4.3.3 Freiwillige Transaktionen und informierte Zustimmung

österreichische Ökonomen betonen die ethische Grundlage freiwilliger Transaktionen. In einem freien Markt tauschen die Menschen auf der Grundlage gegenseitigen Nutzens und informierter Zustimmung aus. Zu ethischen Geschäftspraktiken gehören Transparenz, Ehrlichkeit und die Gewissheit, dass beide Parteien über die Bedingungen und Auswirkungen ihrer Transaktionen informiert sind. Ein Tausch kommt dann zustanden, wenn beide Parteien in subjektiver Einschätzung der Ansicht sind, dass sie sich nach dem Tausch in einer besseren Lage befinden als zuvor. Informationsasymmetrien sind normal.

4.3.4 Schutz von Eigentumsrechten

Die Achtung und der Schutz von Eigentumsrechten werden in der klassisch-liberalen und österreichischen Sichtweise als ein ethisches Gebot angesehen. Sowohl Unternehmen als auch Einzelpersonen haben die moralische Verpflichtung, die Rechte anderer an ihrem Eigentum zu wahren. Dazu gehören materielle Vermögenswerte, geistiges Eigentum und die Früchte der eigenen Arbeit genießen zu könne. Eigentum ist für klassische Liberale ein Fundament auf dem die menschliche Existenz ruht. Eigentum ist zugleich die Voraussetzung für Privatsphäre, für Privatheit. Eigentum bildet die Grundlage für Freiheit, Unabhängigkeit und für die Menschenwürde jedes Einzelnen.

4.3.5 Wettbewerb als Regulierungsmechanismus

Der Wettbewerb innerhalb eines freien Marktes wird als selbstregulierender Mechanismus angesehen, der ethisches Verhalten fördert. Klassische Liberale argumentieren, dass die Aussicht, Kunden und Mitarbeiter an Konkurrenten zu verlieren, Unternehmen dazu veranlasst, hohe ethische Standards einzuhalten, bessere Produkte und eine bessere Arbeitswelt in ihrem Unternehmen zu entwickeln und anzubieten. Diese Dynamik fördert eine Kultur der Integrität und Verantwortlichkeit. Wettbewerb bedeutet auch Kooperation im Wettbewerb, das Zusammenarbeiten durch Geben und Nehmen, um besser zu werden und das Leben anderer Menschen zu verbessern: das Leben der Kunden und das der Mitarbeiter. Das gilt umso mehr als freie Märkte nachweislich Transparenz und beispielsweise Kundenschutz fördern.

4.3.6 Soziale Verantwortung der Unternehmen in einem freien Markt

Das Konzept der sozialen Verantwortung von Unternehmen (CSR, *Corporate Social Responsibility*) lässt sich im Rahmen der klassisch-liberalen und österreichischen Grundsätze als relativ selbstverständlich deuten. Klassische Liberale betonen zwar, dass sich Unternehmen auf das Schaffen von Werten für die Aktionäre konzentrieren sollten («The business of business is business.» Milton Friedman), aber sie vertreten zusammen mit den Österreichern auch die Ansicht, dass Unternehmen bereits durch ihre Existenz und durch ihre Aktivitäten soziale Institutionen sind, die Verantwortung für ihre Mitmenschen übernehmen – durch Arbeitsplätze, Weiterbildung, Sinnstiftung, sozialen Austausch, lebensverbessernde Produkte und all das in Familienunternehmen sogar über Generationen hinweg.

4.3.7 Die Rolle von Reputation und Vertrauen

österreichische Ökonomen betonen die Rolle von Reputation und Vertrauen bei ethischen Geschäftspraktiken. In einem freien Markt ist der Ruf eines Unternehmens ein wertvolles Gut, das durch konsequentes ethisches Verhalten erworben wird, das ist wesentlich Produktqualität, die dem entspricht, was versprochen wurde, und das Einhalten von Verträgen. Das Vertrauen zwischen Unternehmen und Verbrauchern sowie zwischen Geschäftspartnern ist für das Funktionieren des Marktes unerlässlich. Einige Österreicher plädieren zudem für nichtstaatliche Währungen, die durch Reputation gleichsam gedeckt oder erfolgreich für den Tausch sein werden und die Reputation wiederum auf Prinzipien ruht wie Transparenz, Glaubwürdigkeit, Konsistenz, Verhaltensweisen eines ehrbaren Kaufmanns und persönliches Haften.

4.3.8 Ethische Entscheidungsfindung in unsicheren Umfeldern

Klassische Liberale und Österreicher argumentieren, dass ein Bekenntnis zu ethischen Grundsätzen ein stabiles Fundament darstellt, das Unternehmen durch Zeiten des Wandels und der Unsicherheit führt. Ein Beispiel bietet die Führung von Familienunternehmen über Generationen hinweg. Das zeigt ihr erfolgreicher Fortbestand trotz Disruptionen wie die Eroberung des Landes, die völlige

Zerstörung der Geschäftsräume im Krieg, aber auch die Herausforderung durch Wettbewerb, fundamentale Nachfrageänderungen und technischen Innovationen, etwa die Verdrängung des Papierdrucks durch Digitalisierung oder der Niedergang des Schuhputzgewerbes.

4.3.9 Navigieren durch ethische Dilemmata

Beispiele aus der Praxis und Fallstudien veranschaulichen, wie Unternehmen, die sich an klassisch-liberalen und österreichischen Prinzipien orientieren, ethische Dilemmata bewältigen. Deutlich wird die Vielfalt der ethischen Herausforderungen, mit denen Unternehmen konfrontiert sind, und wie prinzipiengeleitete Entscheidungen zu positiven Ergebnissen führen können.

Uber hat durch seine Plattform freiwillige Austauschbeziehungen zwischen Fahrern und Fahrgästen geschaffen, wodurch traditionelle Markteintrittsbarrieren überwunden wurden. Obwohl Uber oft auf regulatorische Herausforderungen stößt, argumentiert das Unternehmen, dass der freie Markt und die Wahlfreiheit der Verbraucher ethisch überlegen sind. Uber fördert Transparenz und Wettbewerb, was zu niedrigeren Preisen und besseren Dienstleistungen führt.

Patagonia investiert in nachhaltige Materialien und Produktionsmethoden, fördert Recycling und Umweltinitiativen. Das Unternehmen nutzt den Markt, um Verbrauchern umweltfreundliche Optionen zu bieten und gleichzeitig profitabel zu bleiben. Durch die freiwillige Entscheidung der Konsumenten, umweltfreundliche Produkte zu kaufen, wird ein positiver Kreislauf geschaffen, der sowohl der Umwelt als auch den Kunden und dem Unternehmen mi seinen Mitarbeitern zugutekommt.

Whole Foods Market fördert Programme, die biologische und lokale Landwirtschaft unterstützen, und investiert in nachhaltige Praktiken. Diese Maßnahmen basieren auf freiwilligen Entscheidungen und Marktmechanismen. Durch das Schaffen eines Mehrwerts für alle Beteiligten können ethische Ziele erreicht werden, ohne Zwang oder staatliche Eingriffe.

4.3.10 Gleichgewicht zwischen Rentabilität und Ethik

Das Kapitel lässt sich mit Diskussionen über das Gleichgewicht zwischen Rentabilität und Ethik schließen. Klassische Liberale und Österreicher vertreten die Auffassung, dass ethische Geschäftspraktiken keineswegs unvereinbar sind mit finanziellem Erfolg; vielmehr tragen sie Nachhaltigkeit und positiven sozialen und geschäftlichen Beziehungen innerhalb des Marktes bei. Überdies werden ohne eine gesunde wirtschaftliche Grundlage Vorhaben abhängig von den Leistungen anderer, die vielfach unfreiwillig abgegeben werden müssen (Steuern und Abgaben). Erfolgreiches Wirtschaften galt früher sogar als gottgefälliges Handeln. Gewinne weisen auch heute auf erfolgreiche Arbeit für Kunden hin. Zudem sind erfolgreiche Unternehmer regelmäßig soziale Wohltäter, die durch ihre Gewinne erst in die Lage versetzt werden, auch noch Wohltätigkeitsveranstaltungen und soziale Transfers in Milliardenhöhe durchzuführen.

4.4 Wettbewerb und Markteintritt

4.4.1 Die dynamische Natur des Wettbewerbs

Im klassisch-liberalen und österreichischen Ansatz der Betriebswirtschaftslehre wird der Wettbewerb als eine dynamische Kraft angesehen, die Unternehmen zu Innovation, Effizienz und Fortschritt antreibt. In diesem Kapitel wird skizziert, wie Wettbewerb und Markteintritt als Bestandteile eines marktwirtschaftlichen Rahmens ein Umfeld fördern, in dem Unternehmen kontinuierlich danach streben, die Anforderungen der Verbraucher zu erfüllen. Der Wettbewerb findet dabei nicht auf einem Marktplatz statt, sondern, um ein weiteres Bild zu verwenden, gleicht als Prozess einem Fluss, der sich verändert, wenn er durch unterschiedliche Landschaften mäandert.

4.4.2 Marktzutrittsschranken und unternehmerische Chancen

Klassische Liberale argumentieren, dass der Abbau von Marktzutrittsschranken entscheidend für die Förderung des Wettbewerbs ist. Indem insbesondere regulatorische Hürden und dann auch Markteintrittsbarrieren minimiert werden, können aufstrebende Unternehmer Chancen ergreifen und neue Produkte, Dienstleistungen und Geschäftsmodelle einführen. Diese Dynamik trägt zu einem lebendigen und reaktionsfähigen Markt bei. «Wettbewerb lässt sich ... als ein sozialer Prozess der Neubildung und Erosion von Macht, die aus größerer Fähigkeit zur Beherrschung der natürlichen Umwelt fließt, beschreiben», urteilte Erich Hoppmann, der Wettbewerbsfreiheit forderte, statt den Wettbewerb zu regulieren.

4.4.3 Unternehmertum als treibende Kraft

Österreichische Ökonomen betonen die Rolle des Unternehmertums im Wettbewerbsprozess. Unternehmer, die von ihrem Gewinnstreben angetrieben werden, identifizieren unbefriedigte Bedürfnisse und Preisdiskrepanzen im Markt und gehen die Risiken ein, die mit der Einführung neuer Produkte und Verfahren verbunden sind. Die Wettbewerbslandschaft wird somit zu einem Nährboden für unternehmerische Innovation.

Insbesondere Ludwig von Mises und Israel Kirzner sehen den Unternehmer nicht nur als Risikoträger oder Investor, sondern als einen dynamischen Akteur, der aktiv und unternehmerisch wachsam nach Gewinnmöglichkeiten in einer Welt der Unsicherheit sucht. Dieses Streben wird durch die Wachsamkeit des Unternehmers *(alertness)* gegenüber zuvor unbemerkten Gelegenheiten angetrieben, und nicht nur durch Kapitalinvestitionen oder betriebswirtschaftliche Fähigkeiten.

4.4.4 Marktsignale und effiziente Ressourcenallokation

Der Wettbewerb dient als Mechanismus, der Signale auf dem Markt sendet. Klassische Liberale argumentieren, dass Preise, die durch die Dynamik von Angebot und Nachfrage bestimmt werden, wertvolle Informationen über Verbraucherpräferenzen und die Verfügbarkeit von Ressourcen vermitteln. Diese Informationen dienen den Unternehmen als Entscheidungshilfe für die Produktion, für Preisgestaltung und Marktpositionierung. «Wettbewerb ist ein Preisbildungsprinzip, er ist keine Maschine, die einen bestimmten besonderen Preis, bzw. bestimmte besondere Marktergebnisse hervorbringt», resümierte Erich Hoppmann. Ein hoher Preis kann dementsprechend ein Signal für eine attraktive und prioritäre Gelegenheit sein; das gilt mengenmäßig auch für niedrigere Preise etwa von Massengütern.

4.4.5 Schöpferische Zerstörung und Marktevolution

Joseph Schumpeters Konzept der «schöpferischen Zerstörung» bezeichnet im Zusammenhang mit dem Wettbewerb den Prozess, durch den Innovationen ständig die Wirtschaftsstruktur von innen heraus revolutionieren. Neue Produkte, Technologien oder Geschäftsmodelle verdrängen alte, ineffiziente Strukturen und schaffen gleichzeitig Raum für wirtschaftliches Wachstum und Fortschritt. Dieser dynamische Zyklus aus Zerstörung und Erneuerung ist essenziell für den Kapitalismus. «Er ist das, was den Kapitalismus ausmacht und was jedes kapitalistische Unternehmen zu leben hat», urteilte Josef Schumpeter.

In einem freien Markt führt der Wettbewerb zu einer kontinuierlichen Entwicklung der Branchen. Veraltete Geschäftsmodelle werden durch innovative Modelle ersetzt, was zu höherer Effizienz, besserer Qualität und zu neuen Möglichkeiten führt.

4.4.6 Die Rolle des Staates bei der Aufrechterhaltung des Wettbewerbs

Während die klassischen Liberalen lediglich für ein minimales Eingreifen des Staates eintreten, erkennen sie eine

Rolle des Staates bei der Wahrung des Wettbewerbs an. Kartellgesetze und Verordnungen werden als Instrumente zur Verhinderung wettbewerbswidriger Praktiken und zur Gewährleistung gleicher Wettbewerbsbedingungen für Unternehmen, die in den Markt eintreten, diskutiert. Grundsätzlich gilt es, primär die Freiheit des Wettbewerbs zu sichern, nicht konkrete Preise oder Markkonstellationen wie sie in Marktanteilen zum Ausdruck kommen. So ist eine marktbeherrschende Stellung nicht wettbewerbswidrig, wenn sie auf dem Wege des Wettbewerbs gewonnen wurde. Es kann bei der Sicherung der Freiheit des Wettbewerbs also nur um die Prinzipien, nicht aber um die (vorübergehenden) Ergebnisse gehen. Dazu gehört die Durchsetzung des Rechts, an das sich Unternehmen und private Haushalte, aber auch staatliche Akteure, halten müssen.

4.4.7 Marktkräfte und Selbstregulierung

Österreichische Ökonomen argumentieren, dass die Marktkräfte selbst und weniger staatliche Vorschriften den Wettbewerb wirksam regulieren können. Das Streben nach Gewinn und die Sorge vor Verlusten veranlassen Unternehmen dazu, so zu handeln, dass dies den Verbrauchern zugutekommt und zum allgemeinen Wohl des Marktes beiträgt. Die Gewissheit, dass das Recht durchgesetzt wird, ist nicht zuletzt für schwarze Schafe ein wichtiger Verhaltensanreiz. Der Wettbewerb wirkt dann als «Entdeckungsverfahren» (Hayek). Zu verhindern gilt es Verträge zu Lasten Dritter und sorgfältig zu beobachten Markteintrittsbarrieren. Entscheidens ist, dass das freie Spiel der Preise die Koordination von Angebot und Nachfrage über die Preise als Informationsträger bestimmt und sich so auf die Wettbewerbsfähigkeit von Unternehmen auf Märkten auswirkt.

4.4.8 Die Bedeutung der Wahlfreiheit der Verbraucher

Im Mittelpunkt der klassisch-liberalen und österreichischen Sichtweise steht die Wahlfreiheit der Verbraucher. Der Wettbewerb ermöglicht es den Verbrauchern, aus einer Vielzahl von Waren und Dienstleistungen zu wählen, wodurch Vielfalt, Qualität und Innovation gefördert werden. Unternehmen, die den Verbraucherpräferenzen nicht gerecht werden, laufen Gefahr, Marktanteile zu verlieren. Unternehmen, die sich unlauter verhalten, verlieren Vertrauen. Antworten auf stets bestehende Informationsasymmetrien sehen insbesondere Österreicher im Druck von Verbrauchern auf Unternehmenstransparenz und durch Anreize zur Bildung von privaten Verbraucherforschungsinstitutionen gegeben.

4.4.9 Fallstudien zum Erfolg im Wettbewerb

Fallstudien aus der Praxis zeigen Unternehmen, die in einem wettbewerbsorientierten Umfeld tätig sind, wie diese sich erfolgreich an die Marktanforderungen angepasst haben. Zugleich veranschaulichen die Beispiele die Widerstandsfähigkeit und Dynamik, die der Wettbewerb in verschiedenen Branchen mit sich bringt.

Apple Inc. ist ein Beispiel. Ursprünglich ein Computerhersteller, hat Apple sich durch kontinuierliche Innovation und Anpassung an die sich wandelnden Bedürfnisse der Verbraucher in den Bereichen Unterhaltungselektronik und Software etabliert. In den frühen 2000er Jahren erkannte Apple das Potenzial des aufkommenden Marktes für tragbare Musikgeräte. Mit der Einführung des iPod revolutionierte Apple die Musikindustrie und etablierte sich als führender Anbieter von MP3-Playern. Später, mit der Einführung des iPhone im Jahr 2007, trat Apple in den Smartphone-Markt ein und setzte Standards für mobile Technologie und Benutzerfreundlichkeit. Trotz starker Konkurrenz durch Unternehmen wie Samsung und Google hat Apple durch kontinuierliche Innovation und eine starke Markenidentität seine Marktposition behauptet. Die Fähigkeit, sich schnell an Marktveränderungen anzupassen und Kunden begeisternde Produkte zu entwickeln, hat Apple zu einem der wertvollsten Unternehmen der Welt gemacht.

Netflix begann als DVD-Verleihservice per Post und hat sich durch strategische Anpassungen an die Marktanforderungen zu einem führenden Anbieter von Streaming-Diensten entwickelt. Mit dem Aufkommen des Breitbandinternets und der steigenden Nachfrage nach sofort verfügbarer Unterhaltung erkannte Netflix frühzeitig die Chancen des Streaming-Marktes. Im Jahr 2007 startete das Unternehmen seinen Streaming-Dienst, der es den Abonnenten ermöglicht, Filme und Fernsehsendungen direkt über das Internet zu sehen. Netflix investierte erheblich in eigene Inhalte, um sich von der Konkurrenz abzuheben. Durch die Produktion von Originalserien wie «House of Cards» und «Stranger Things» konnte Netflix eine loyale Kundenbasis aufbauen und seine Marktposition stärken. Inzwischen wird Netflix durch zunehmende Konkurrenz neuer Streaming-Dienste wie Disney+ und Amazon Prime Video herausgefordert.

4.5 Humankapital und individuelle Rechte am Arbeitsplatz

4.5.1 Der Wert des Humankapitals

In der klassisch-liberalen und österreichischen Sicht auf Unternehmen und die Unternehmensführung steht das Humankapital als wertvolles Gut im Mittelpunkt. In diesem Kapitel wird skizziert, wie Unternehmen die Entwicklung des Humankapitals fördern und gleichzeitig die Rechte des Einzelnen am Arbeitsplatz wahren.

4.5.2 Individuelle Rechte als Grundlage

Klassische Liberalen betonen, dass Unternehmen, ebenso wie Individuen, die Rechte ihrer Mitarbeiter respektieren und schützen müssen. Dazu gehört das Recht auf individuelle Autonomie, die Vereinigungsfreiheit und der Schutz von Persönlichkeits- und Eigentumsrechten. Die Wahrung dieser Rechte schafft ein günstiges Umfeld für die Entwicklung von Humankapital. Diese Rechte gelten nicht nur für Mitarbeiter, sondern zugleich für Eigentümer und die Leitung des Unternehmens.

4.5.3 Freiwillige Arbeitsverträge

Sowohl klassisch-liberale als auch österreichische Ökonomen argumentieren, dass freie, freiwillige Arbeitsverträge die Grundlage für produktive und ethische Arbeitsplätze bilden. Wenn Einzelpersonen mit Arbeitgebern freiwillig Vereinbarungen treffen, die auf gegenseitigem Einverständnis beruhen, trägt dies zu einer Beziehung bei, die auf der Achtung der individuellen Rechte und der Person beruht und beide Seiten besserstellt. Die beiden Parteien sind frei in der Gestaltung der Verträge und sollten das auch vor politischer und machtpolitischer Einflussnahme sein, etwa durch organisierte und privilegierte Sonderinteressen.

4.5.4 Mitarbeiterschulung und -entwicklung

Die Entwicklung des Humankapitals beinhaltet Investitionen in die Fähigkeiten und Fertigkeiten der Mitarbeiter. Die klassischen Liberalen betonen, dass Unternehmen aufgrund ihres Gewinnstrebens einen Anreiz haben, Schulungs- und Entwicklungsmöglichkeiten anzubieten, um die Produktivität und den Wert ihres Humankapitals zu steigern. Zugleich zeigen zahlreiche Untersuchungen, dass Produktivitätssteigerungen zu höheren Löhnen auch für weniger produktive Mitarbeiter eines Unternehmens führen. Um im Wettbewerb einen Kundennutzen stiften und bestehen zu können, braucht ein Unternehmen qualifizierte Mitarbeiter. Schulungen sollten primär der Kompetenzentwicklung dienen.

4.5.5 Flexibilität am Arbeitsplatz und Innovation

Flexibilität am Arbeitsplatz spielt bei der Förderung von Innovation eine Rolle. Klassische Liberale sind der Ansicht, dass Unternehmen, die nicht durch übermäßige

Vorschriften behindert werden, ihre Organisationsstrukturen so anpassen können, dass sie unterschiedliche Arbeitsformen zulassen und die Mitarbeiter einen wirksamen Beitrag zur Bewältigung des Arbeitsaufkommens und zum kreativen Prozess leisten können. Unternehmen sind Kooperationsarenen und profitieren daher vom persönlichen Austausch der Mitarbeiter auf einer Grundlage des Vertrauens. Dafür braucht es immer wieder persönliche Begegnungen.

4.5.6 Unternehmerische Kultur in Unternehmen

Österreichische Ökonomen erkennen die Bedeutung der Pflege einer unternehmerischen Kultur in Organisationen. Unternehmen, die Autonomie, Risikobereitschaft und Kreativität der Mitarbeiter zulassen und fördern, können den Unternehmergeist nutzen, was zu Innovation und kontinuierlicher Verbesserung führt. Frei nach Steve Jobs gilt für hochqualifizierte Mitarbeiter, dass man diese nicht einstellt um ihnen zu sagen was sie zu tun haben, sondern umgekehrt, sie einem sagen, was zu tun ist.

4.5.7 Entlohnung, Anreize und fairer Austausch

Klassische Liberale argumentieren, dass eine faire Entlohnung und positive Anreizstrukturen zum Gedeihen des Humankapitals beitragen. Wenn der Einzelne für seinen Beitrag in einer Weise belohnt wird, die dem Marktwert entspricht, entspricht dies den Grundsätzen des freiwilligen Austauschs und stärkt die ethische Grundlage des Beschäftigungsverhältnisses. Das weist auf die Probleme hin, die entstehen, wenn eine Entlohnung vorgeschrieben wird, die über der Produktivität liegt. Zugleich stellt die Entlohnung von Mitarbeitern einen Preis dar, der im Zusammenhang mit allen anderen Preisen steht, sowohl der Konkurrenz als auch von Büroräumen, Teilprodukten und erforderlichen Dienstleistungen. In der Kostenstruktur eines Unternehmens stellt Personal eine zentrale Position dar.

4.5.8 Vielfalt und Eingliederung als Marktkräfte

Vielfalt und Integration am Arbeitsplatz lassen sich als marktgesteuerte Kräfte als Teil einer offenen Gesellschaft betrachten. Klassische Liberale argumentieren, dass Unternehmen, die sich auf die unterschiedlichen Präferenzen der Verbraucher einstellen, von der Förderung eines integrativen Umfelds profitieren, das eine Vielzahl von Perspektiven, Erfahrungen und Talenten widerspiegelt. Zugleich ist Vielfalt kein Selbstzweck. Letztlich gilt es zwei Perspektiven zu versöhnen: für feststehende Aufgaben braucht es geeignete Arbeitskräfte und qualifizierte Arbeitskräfte suchen sich ihre Aufgaben selbst – im Rahmen der Zielerreichung.

4.5.9 Sicherheit am Arbeitsplatz und individuelles Wohlbefinden

Unterschiede zu herkömmlichen Ökonomen in der Bedeutung von Arbeitssicherheit und Wohlbefinden am Arbeitsplatz gibt es kaum. Klassische Liberale argumentieren, dass Unternehmen aus dem Wunsch heraus, qualifizierte Mitarbeiter anzuziehen und zu halten, einen natürlichen Anreiz haben, sichere und gesunde Arbeitsbedingungen zu schaffen. Zahlreiche Studien zeigen seit Jahrzehnten, dass die Arbeitsumgebung die Produktivität beeinflusst. Das Leben eines individuellen Wohlbefindens in der Arbeit variiert zwischen den Individuen. Stets dürfte Selbstwirksamkeit, die proportionierlichste Bildung und Anwendung der individuellen Kräfte eine Rolle spielen.

4.5.10 Arbeitnehmerrechte und Beziehungen am Arbeitsplatz

Klassische Liberale und Österreicher betonen, dass Unternehmen die Rechte der Arbeitnehmer anerkennen und schützen sollten. Das schließt faire Bezahlung, sichere Arbeitsbedingungen und das Recht auf Vereinigungsfreiheit ein. Unternehmen, die diese Prinzipien respektieren, fördern nicht nur das Wohl ihrer Mitarbeiter, sondern tragen auch zu ihrer eigenen langfristigen Stabilität und Wettbewerbsfähigkeit bei. Im Einklang mit den Werten der individuellen Freiheit sollten Arbeitnehmer auch die Möglichkeit haben, ihre Karrierewege selbstbestimmt mit zu gestalten sowie Weiterbildungs- und Weiterentwicklungsangebote wahrzunehmen.

4.5.11 Untersuchungen zur Entwicklung des Humankapitals

Nobelpreisträger Gary Becker hat über das Humankapital geforscht. In seinem Buch «Human Capital» (1964) analysiert er, wie Weiterbildung und Trainings Investitionen in Humankapital darstellen, die langfristig zu höherer Produktivität und wirtschaftlichem Wachstum führen. Beckers Arbeiten bieten zahlreiche theoretische und empirische Einsichten, die zeigen, wie Investitionen in Mitarbeiter zu positiven wirtschaftlichen Ergebnissen führen können.

Milton Friedman argumentiert in «Capitalism and Freedom» (1962), dass wirtschaftliche Freiheit zu Innovation und Wohlstand führt. Seine Überlegungen zur Bildung, insbesondere sein Vorschlag für Bildungsgutscheine, zeigen, wie freie Marktmechanismen die Qualität und Effizienz der Humankapitalentwicklung im Rahmen herrschender Bedingungen verbessern können.

Das Classical Liberal Institute (CLI), das 2013 in New York gegründet wurde, befasst sich mit der zentralen Frage der klassischen politischen Theorie: Wie informiert uns eine Theorie der menschlichen Natur über die sozialen und rechtlichen Normen, die gewöhnliche Interaktionen zwischen Privatpersonen regeln sollten, sowie über die Bildung und Aufrechterhaltung des Systems einer begrenzten Regierung, die zum Schutz der individuellen Rechte erforderlich ist? Unter Verwendung moderner Erkenntnisse und konzeptioneller Instrumente analysiert das CLI drängende Probleme der heutigen Zeit, darunter die Organisation und Regulierung von Geschäfts-, Finanz-, Informations- und Arbeitsmärkten sowie die Entwicklung von Systemen des privaten und gemeinsamen Eigentums.

4.5.12 Überleitung

Mit dem Abschluss unserer Gedankenskizze zum Humankapital und individueller Rechte am Arbeitsplatz schafft das Kapitel eine erste Grundlage für weitere Diskussionen über Führung, Organisationskultur und die Auswirkungen der Anwendung klassischer liberaler und österreichischer Prinzipien im Bereich der Humanressourcen. Zugleich besteht hier noch Fundierungspotenzial.

Zum Schluss sei noch auf zwei Teildisziplinen der Betriebswirtschaftslehre hingewiesen, die sich in konsequent liberaler Perspektive wie folgt darstellen und damit von herkömmlichen Betrachtungen unterscheiden:

Marketing ist die betriebswirtschaftliche Disziplin, die dem subjektiven Wert der Österreicher besonders nahesteht und mit Konzepten wie der dienstleistungsdominanten Logik, die von Wissenschaftlern der finnischen Hanken-Schule zur kunden-dominanten Logik weiterentwickelt wurde und von Österreichern zur wertdominanten Logik weiterentwickelt werden kann.

Ein österreichischer Marketingansatz würde sich darauf konzentrieren, die Ziele und Wünsche der Verbraucher zu verstehen und ihre Erfahrungen mit Produkten erleichtern – im Gegensatz dazu, sie beispielsweise zum Kauf zu überreden. Marketing wäre keine Funktion oder Abteilung in einem Unternehmen, sondern ein integriertes Verständnis innerhalb aller Teile der Unternehmensstruktur, insbesondere derjenigen, die mit den Kunden interagieren. Empathische Genauigkeit wäre die Währung des Marketings. Design und Kommunikation würden folgen.

Organisationsdesign: Ein österreichisches Organisationsdesign-Paradigma würde sich auf das Wertversprechen und die Art und Weise seiner Umsetzung konzentrieren. Da Wertversprechen einzigartig sein sollten, sind Organisationsdesigns nicht replizierbar. Eine österreichische Theorie des Organisationsdesigns würde sich darauf konzentrieren, wie man Märkte in das Innere der Organisation bringen kann, und auf die (subjektiven) individuellen Motivationen der Mitarbeiter. Österreicher würden Antworten suchen auf folgende Fragen: Wie können diese Ziele mit denen der Eigentümer des Unternehmens in Einklang gebracht werden? Wie kann das Unternehmen am besten Mitarbeiter einstellen, die die gleichen Ziele verfolgen? Wie kann sich das Unternehmen an den Zielen der Mitarbeiter orientieren und ihnen dabei helfen, zu erkennen und zu verstehen, wie die Ziele des Unternehmens zu ihnen passen?

5. DAS ZUSAMMENSPIEL

von Volks- und Betriebswirtschaftslehre
in klassisch-liberaler und österreichischer Tradition

5.1 Synergien zwischen Unternehmertum und Freiheit

5.1.1 Das Unternehmertum als Katalysator

Im Schnittpunkt von Volks- und Betriebswirtschaftslehre in der klassisch-liberalen und österreichischen Tradition wird der Unternehmergeist als Katalysator für den wirtschaftlichen Fortschritt sichtbar. In diesem Kapitel werden die Synergien zwischen Unternehmertum und wirtschaftlicher Freiheit thematisiert und ihre miteinander verbundene Rolle bei der Förderung von Innovation, Dynamik und Wohlstand hervorgehoben.

5.1.2 Wirtschaftliche Freiheit als Grundlage

Klassische Liberale argumentieren, dass wirtschaftliche Freiheit, gekennzeichnet durch die Freiheit, freiwillige Transaktionen zu tätigen, Eigentum zu besitzen und individuelle Ziele zu verfolgen, die Grundlage für Unternehmertum bildet. Wenn sich der Einzelne frei und ohne ungebührliche Einmischung auf den Märkten bewegen kann, sind wesentliche Voraussetzungen für die Entfaltung unternehmerischer Kreativität vorhanden.

5.1.3 Unternehmertum als Motor des Wirtschaftswachstums

Österreichische Ökonomen vertreten die Auffassung, dass Unternehmertum eine der Haupttriebkräfte des Wirtschaftswachstums und der Verbesserung unserer Welt ist. Durch das Erkennen von Chancen, die Übernahme von Risiken und die Schaffung von Werten tragen Unternehmer zum dynamischen und sich stetig entwickelnden Charakter von Marktwirtschaften bei. Die ökonomische Freiheit verstärkt die Wirkung des Unternehmertums, indem sie staatliche, auch Sonderinteressen schützende Hindernisse beseitigt und die freie Initiative fördert. Ein Meilenstein der britischen Aufklärung war der Wegfall von staatlich gewährten Privilegien, Monopolen und Sonderrechten, die das Unternehmertum (ent)fesselten.

5.1.4 Die Rolle von Gewinn und Verlust im Unternehmertum

Klassische Liberale und Österreicher argumentieren, dass das Streben nach Gewinn ein entscheidender Motivator für Unternehmer ist, während Verluste als disziplinierende Mechanismen wirken, die die Zuteilung von Ressourcen in Richtung von Unternehmungen lenken, die den Verbrauchern den größten Wert bieten. Friedrich August von Hayek argumentierte in «The Use of Knowledge in Society» (1945), dass Verluste eine notwendige Rückmeldung sind, die zeigt, dass bestimmte Produktionsmethoden oder Produkte nicht den effektivsten Einsatz von Ressourcen darstellen: «Der Gewinn- und Verlustmechanismus ist das einzige Instrument, das die Vielzahl der einzelnen Pläne miteinander in Einklang bringt.» Zugleich gehen beide Strömungen über das Gewinnmotiv hinaus, indem sie spezifische, individuelle Motive als Antrieb von Unternehmern ansehen, die regelmäßig die Welt verbessern wollen.

5.1.5 Schöpferische Zerstörung und Marktanpassung

Joseph Schumpeters Konzept der schöpferischen Zerstörung bedeutet für Unternehmen die Fähigkeit, innovative Ideen, Technologien und Geschäftsmodelle einzuführen, was wiederum die Entwicklung von Märkten und den Kundennutzen voranbringt. Aus betriebswirtschaftlicher Perspektive ermöglicht die schöpferische Zerstörung zudem, sich als Unternehmen kontinuierlich zu erneuern und wettbewerbsfähig zu bleiben. Durch den dynamischen Prozess, veraltete Strukturen und Produkte mit neuen und effizienteren Lösungen zu ersetzen, können Unternehmen ihre Marktposition auch langfristig stärken. Zudem fördert dieser Ansatz die Ressourcenverteilung hin zu innovativeren und produktiveren Verwendungen, was letztlich zu einem höheren Gesamtnutzen für Wirtschaft und Gesellschaft führt.

5.1.6 Regulatorische Herausforderungen und unternehmerische Freiheit

Klassische Liberale betonen, wie wichtig es ist, die regulatorischen Belastungen zu minimieren, um die unternehmerische Freiheit zu erhalten und Sklerose durch Bürokratieinteressen zu verringern. Österreicher argumentieren, dass übermäßige Regulierungen Innovationen ersticken und die spontane Ordnung behindern, die sich aus unternehmerischen Aktivitäten ergibt. Auch Monopole bedürfen nicht per se einer Regulierung, gerade wenn sie nicht staatlich gewährt wurden, sondern das Resultat erfolgreichen, rechtskonformen Agierens auf Märkten sind. Der Staat sollte nach liberaler Auffassung grundlegende Aufgaben wahrnehmen: den Schutz von Eigentumsrechten, das Durchsetzen von Verträgen, das Durchsetzen von Wettbewerbsfreiheit, ggf. den Schutz vor Täuschung und Betrug, die Überwachung von Transparenzstandards und Umweltschutzauflagen. Private Lösungen haben stets Vorrang.

5.1.7 Unternehmertum und wirtschaftliche Inklusivität

Die Forderung nach wirtschaftlicher Inklusivität wird durch Unternehmertum in Verbindung mit ökonomischer Freiheit erfüllt und trägt zu einer breiteren Beteiligung an wirtschaftlichen Aktivitäten aller bei – unabhängig von ihrer Herkunft, von Rasse, Ideologie, Glauben und Weltanschauung. Klassische Liberale argumentieren, dass der Abbau von Zugangsbarrieren und die Förderung einer unternehmerischen Kultur durch Freiheit Chancen für Menschen mit unterschiedlichem, vielfältigem Hintergrund schaffen – durch die Vielfalt der Bedürfnisse und die Vorteile, diese zu befriedigen. Der Wohlstand aller steigt. Für den unternehmerischen Erfolg sind die Qualifikationen und die produktive Mitwirkung im Unternehmen entscheidend, nicht identitäre Merkmale.

5.1.8 Bildung und Qualifizierung für Unternehmertum

Österreichische Ökonomen betonen die Rolle von praktischen Erfahrungen, Bildung und Kompetenzentwicklung für den Unternehmenserfolg. Klassische Liberale argumentieren, dass ein marktwirtschaftliches Umfeld das Entstehen von Bildungsmöglichkeiten fördert, die den Anforderungen unternehmerischer Bestrebungen entsprechen und den Erwerb von relevantem Wissen und Know-how erleichtern. Märkte sind auch Märkte für Bildung, auf denen Unternehmen mit Expertise und Reputation auf unterschiedlichen Komplexitäts- und Qualitätsniveaus Bedürfnisse für Weiterbildungen von Mitarbeitern anbieten sowie als Unternehmensberatungen die Leistungsfähigkeit ganzer Unternehmen oder Teile verbessern.

5.1.9 Globales Unternehmertum und komparativer Vorteil

Wirtschaftliche Freiheit weltweit ermöglicht es den Unternehmern, komparative Vorteile auf internationaler Ebene zu nutzen. Klassische Liberale und Österreicher wissen, dass der Freihandel die Möglichkeiten für Unternehmer verbessert, Zugang zu globalen Märkten zu erhalten und grenzüberschreitend zusammenzuarbeiten, ob Einkauf, Verkauf, Produktion, Kapital, Humankapital etc. Freihandel ermöglicht Unternehmen sich weiter zu spezialisieren. Politische Grenzen gelten in ökonomischer Hinsicht als letztlich künstlich, weil es prinzipiell keinen Unterschied macht, ob Geschäfte zwischen Unternehmen in Kunden in Berlin und Hamburg oder Berlin und Oslo oder Sydney stattfinden. Praktische Beispiele im deutschen Mittelstand beinhalten globale, versteckte Champions etwa Mink als Weltmarktführer für technische Bürsten, Abus für die Herstellung von Schlössern oder Funkenlöschanlagen von Fagus Grecon.

5.1.10 Ethische Erwägungen im Unternehmertum

Unternehmer, die sich von den Prinzipien der individuellen Rechte und des freiwilligen Austauschs leiten lassen, tragen zu ethischen und nachhaltigen Geschäftspraktiken bei. Märkte beruhen wesentlich auf vorstaatlichem Recht, auf Konventionen und bürgerlichen Werten, die entscheidend zum Durchbruch der industriellen und institutionellen Revolution beigetragen haben wie Deirdre McCloskey aufgezeigt hat. Sie plädiert dafür, Ethik, nicht Gesetze, als fundamental und als Grundlage unserer Gesellschaft anzuerkennen. Man würde nicht betrügen, weil es Gesetze gibt, sondern, weil es sich nicht gehört.

5.1.11 Fallstudien zum unternehmerischen Erfolg

Fallstudien aus der Praxis veranschaulichen Beispiele, in denen Unternehmer, die auf der Grundlage weitgehender wirtschaftlicher Freiheit tätig sind, bemerkenswerte Erfolge erzielt haben. Man vergleiche Unternehmen in den USA und in Europa mit denen in Iran, Ägypten, Venezuela und anderen Staaten mit geringer wirtschaftlicher Freiheit. Allerdings steht die (unternehmerische) Freiheit in weiten Teilen der Welt wieder unter Druck. Es ist sogar von Deglobalisierung und geoökonomischer Fragmentierung die Rede (Flossbach von Storch Research Institute). Der Standortwettbewerb ist ein weiterer Ansatzpunkt, um die Auswirkung wirtschaftlicher Freiheit und günstiger Rahmenbedingungen mit unternehmerischem Erfolg und dem Zufluss von Kapital und Humankapital weltweit zu vergleichen. Die Wirtschaftsgeschichte bietet über Jahrhunderte hinweg Beispiele für regionale, nationale und globale Zusammenhänge zwischen Unternehmertum und Freiheit.

5.2 Herausforderungen für freie Märkte: Vetternwirtschaft und Rentenstreben

5.2.1 Verständnis von Vetternwirtschaft in freien Märkten

In Bezug auf klassisch-liberale und österreichische Traditionen befasst sich dieses Kapitel mit den allgegenwärtigen Herausforderungen, die Vetternwirtschaft und Rent-Seeking für die Ideale der freien Märkte darstellen. Es wird thematisiert, wie diese Phänomene, die durch enge Verbindungen zwischen Unternehmen und Regierung, insbesondere Big Business und Big Government, gekennzeichnet sind, den Wettbewerb verzerren, unternehmerische Bemühungen behindern und die Grundsätze der wirtschaftlichen Freiheit untergraben. In der in dieser Einführung eingenommenen Perspektive nimmt der Staat aufgrund seiner Machtfülle, als territorialer Gewaltmonopolist eine Schlüsselrolle für die Beeinträchtigung der Freiheit ein.

5.2.2 Die Bedrohung des freien, fairen Wettbewerbs

Vetternwirtschaft, die zu einem unfairen Vorteil für begünstigte Unternehmen führt, bedroht die Grundprinzipien des freien Wettbewerbs auf freien Märkten. Klassische Liberale betonen, dass durch staatliche Stellen privilegierte Unternehmen die für ein gesundes Funktionieren der Märkte erforderlichen gleichen Wettbewerbsbedingungen stören. Privilegien verstoßen gegen die Rechtsgleichheit, schaden dem Gemeinwohl und setzen Anreize, (mehr) politische Verbindungen zu suchen. Die Privilegien können unterschiedlicher Art sein, z.B. indem Standards gesetzt oder Produkte vorgeschrieben werden, etwa Sprinkler Anlagen gegen Brände in Gebäuden, oder indem in der Energiepolitik Subventionen vergeben und Batterieautos von Steuern befreit werden, kostenlos aufgeladen und geparkt werden können und Busspuren benutzen dürfen. Besonders weit reichen staatliche Regulierungen im Finanzsektor z.B. in der EU und Deutschland.

5.2.3 Rent-Seeking: Verzerrung der Marktdynamik

Das Konzept des Rent-Seeking bedeutet, dass Einzelpersonen oder Unternehmen wirtschaftliche Gewinne nicht durch das Schaffen von Werten auf dem Markt, sondern versuchen die Regierungspolitik für Privilegien zu beeinflussen. Klassische Liberale und Österreicher kritisieren, wie Rent-Seeking-Verhalten Marktsignale verzerrt, was nicht nur ungerecht ist, sondern zu einer ineffizienten Ressourcenallokation führt und die Dynamik der unternehmerischen Aktivitäten behindert. In Ressourcen reichen Staaten stellen Renten aus Rohstoffen eine gesamtwirtschaftliche Belastung dar, weil die Entwicklung einer diversifizierten Wirtschaft regelmäßig unterbleibt und auch durch beträchtliche staatliche Transfers untergraben wird. Zugleich sind die Volkswirtschaften anfällig für externe Schocks wie den Verfall von Rohstoffpreisen. Moderne Wohlfahrtsstaaten gehen mit einer ausgreifenden Bürokratie und politisierten Märkten einher, die zahlreiche Möglichkeiten für Rent-Seeking bieten.

5.2.4 Die Auswirkungen auf Innovation und Unternehmertum

Vetternwirtschaft und Rent-Seeking wirken sich nachteilig auf Innovation und Unternehmertum aus. Die Wettbewerbsverzerrung unterdrückt den Unternehmergeist, indem sie etablierte Akteure gegenüber Neueinsteigern bevorzugt. Dies schränkt nicht nur die Innovationsmöglichkeiten ein, sondern beeinträchtigt auch die Gesamtdynamik des Marktes. Politische Kontakte und staatliches Wohlwollen sowie mitunter Bestechungen in vielfältigen Formen werden zur Voraussetzung für wirtschaftliche Tätigkeiten. Arabische Staaten galten beispielsweise als anfällig für Vetternwirtschaft (Bad Governance), was zum Arabischen Frühling beitrug. Der Mangel an Innovationen und an Patenten ist eine auffällige Korrelation und steht im Gegensatz zu einem nicht-arabischen Staat der Region: Israel.

5.2.5 Regulatorische Vereinnahmung: Ein Nährboden für Vetternwirtschaft

Das Phänomen der «Regulatory Capture» stellt eine Form der politischen Korruption dar, bei dem Regulierungsbehörden von den Branchen, die sie beaufsichtigen, beeinflusst oder kontrolliert werden. Verbraucherschutz und Marktversagen sind in vielen Fällen weder Ursache noch Ziel von Regulierung. Vielmehr gilt mit George Stigler, dass Regulierung durch die Unternehmen und Branchen geschaffen und zu ihrem Nutzen realisiert wird *(Capture Theory)*.

Klassische Liberale und Österreicher zeigen auf, wie regulatorische Vereinnahmung ein Umfeld schaffen kann, das reif für Vetternwirtschaft ist und es Unternehmen ermöglicht, Vorschriften zu ihren Gunsten und auf Kosten eines fairen Wettbewerbs zu manipulieren. Die Auswirkungen von Lobbyisten und Pressure Groups auf die Gesetzgebung ist ein vielfach thematisiertes Problem.

5.2.6 Auswirkungen auf die wirtschaftliche Freiheit

Vetternwirtschaft stellt eine direkte Bedrohung des Grundprinzips der wirtschaftlichen Freiheit dar. Der unzulässige Einfluss von Unternehmen auf die Regierungspolitik und umgekehrt höhlt die Freiheitsrechte des Einzelnen aus, indem seine wirtschaftlichen Wahlmöglichkeiten eingeschränkt und seine Fähigkeit behindert werden, sich frei an Markttransaktionen zu beteiligen. Politische Vernetzung, Lobbyismus und Gefälligkeiten treten an die Stelle des zwanglosen Zwangs des besseren Produkts. Das Mitwirken staatlicher Institutionen ist dabei unerlässlich.

5.2.7 Die Rolle der staatlichen Aufsichtspflicht

Während klassische Liberale für eine begrenzte staatliche Intervention eintreten («minimalinvasiv»), wird die Rolle der staatlichen Aufsicht bei der Verhinderung von Vetternwirtschaft anerkannt (Rechtsstaat). Zugleich existiert eine Zwickmühle aufgrund der Verflechtungen von Politik, Staatsbürokratie und Privatwirtschaft, aufgrund des Regulatory Capture, der Regulierung auf Initiative privater Interessenvertreter. Diejenigen, die neutral, ggf. technokratisch für wirtschaftliche Freiheit eintreten sollen, sind zugleich die Adressaten und Akteure ihrer Beschränkung. Hier liegt aus klassisch-liberaler Sicht eine Herausforderung für ordoliberale Wettbewerbsvorstellungen.

Good Governance mit einer transparenten und rechenschaftspflichtigen Regierungsführung in Verbindung mit wirksamen Kontrollmechanismen kann den unzulässigen Einfluss von Unternehmen auf die öffentliche Politik und vice versa eindämmen bzw. ist der Begriff für diese staatliche Leistungsbilanz. Wenig umstritten ist die Aufsichtspflicht für Sicherheitsfragen, darunter Statik und Brandschutz.

5.2.8 Österreichische Kritik am Interventionismus

Österreichische Ökonomen üben umfassende Kritik am Interventionismus und argumentieren, dass staatliche Eingriffe regelmäßig Gelegenheiten für Vetternwirtschaft schaffen. Das gilt auch für Eingriffe in das Preissystem und einen vermeintlichen Schutz beim Außenhandel. Ein Ansatz, der den Marktkräften die natürliche Regulierung wirtschaftlicher Aktivitäten überlässt, ist hingegen unerlässlich, um die durch Vetternwirtschaft verursachten Verzerrungen zu verhindern. Bereits am Beginn der wirtschaftlichen Aufklärung stand der Abbau der Vetternwirtschaft, in Großbritannien um 1720, der die Marktkräfte entfesselte. Und auch in Deutschland begleitete zunehmende Wirtschaftsfreiheit die ökonomische Wachstumsrevolution im 19. Jahrhundert.

5.2.9 Soziale Verantwortung der Unternehmen als Gegenmaßnahme

Die mögliche Rolle der sozialen Verantwortung der Unternehmen für die Auswirkung ihres Handelns auf die Gesellschaft (CSR, *Corporate Social Responsibility*) kann als

Gegenmaßnahme zum Cronyism betrachtet werden. In der vielfältigen, langjährigen Entwicklung von CSR gibt es eine klassisch-liberale Ausrichtung. Dort liegt der Schwerpunkt auf freiwilligen, marktgesteuerten Initiativen, die mit den Interessen der Aktionäre übereinstimmen, Innovation und Effizienz fördern und ethische Geschäftspraktiken ohne übermäßige staatliche Eingriffe einhalten, darunter die Verbesserung von Arbeitsbedingungen, umweltfreundliche Geschäftspraktiken, fairer Handel (im Sinne von regelkonform) und ggf. die Unterstützung sozialer Projekte. Dieser Ansatz plädiert für CSR-Aktivitäten, die die Rentabilität und Nachhaltigkeit des Unternehmens verbessern und gleichzeitig die individuelle Freiheit und die Eigentumsrechte respektieren.

5.2.10 Graswurzelbewegungen für freie Märkte

Klassische Liberale und Österreicher betonen die Rolle von Basisbewegungen und öffentlicher Interessenvertretung bei der Bekämpfung von Vetternwirtschaft. Einen Schlüssel bilden informierte Bürger, die sowohl ihre Unterstützung für Freihandel und Marktwirtschaft als auch ihre Bedenken hinsichtlich Interventionismus und Misswirtschaft, staatlich und privat, zum Ausdruck bringen, Transparenz fordern und so zu einem verantwortungsvolleren und marktwirtschaftlich fundierten Wirtschaftssystem beitragen. Dafür braucht es unvoreingenommene Bildung, anders als die eher wirtschaftsfeindlichen und unternehmensfernen Schulbücher in öffentlichen deutschen Schulen, die weitgehend beim Bild des abhängigen Angestellten verharren. Stefan Blankertz hat dazu eine anarcholiberale Neufassung von Bildung auch durch Abschaffen von Schulzwang, Berechtigungswesen und Staatsfinanzierung formuliert.

5.2.11 Fallstudien zur Überwindung von Vetternwirtschaft

Fallstudien aus der Praxis zeigen, wie Gesellschaften die Vetternwirtschaft erfolgreich überwunden und die

Grundsätze der freien Märkte wiederhergestellt haben. Diese Beispiele verdeutlichen, wie wichtig öffentliches Bewusstsein, regulatorische Reformen und das Engagement für den Erhalt der wirtschaftlichen Freiheit sind.

Nach der Rosenrevolution 2003 führte Georgien umfassende Reformen zur Bekämpfung der Korruption und Vetternwirtschaft durch. Die neue Regierung unter Präsident Mikheil Saakaschwili führte radikale Maßnahmen durch, wie die Entlassung der gesamten Verkehrspolizei und die Schaffung einer neuen, transparenteren Behörde. Der Abbau bürokratischer Hürden, die Einführung eines einfachen Steuersystems und die Deregulierung vieler Wirtschaftsbereiche förderten die wirtschaftliche Freiheit. Diese Reformen verbesserten Georgiens Platz im Doing Business Index der Weltbank erheblich und zogen ausländische Investitionen an, was das Wirtschaftswachstum beschleunigte und das Vertrauen in die Institutionen stärkte.

In den 1970er Jahren stand Hongkong vor erheblichen Korruptionsproblemen innerhalb der Regierung und der Polizei. Die britische Kolonialregierung reagierte mit der Gründung der Unabhängigen Kommission gegen Korruption (ICAC) im Jahr 1974. Die ICAC führte eine rigorose Anti-Korruptions-Kampagne durch, die öffentliche Bewusstseinsbildung, rechtliche Maßnahmen und präventive Strategien umfasste. Die Erfolge der ICAC halfen, das Vertrauen der Bürger in die Regierung wiederherzustellen und die wirtschaftliche Freiheit zu stärken. Hongkong entwickelte sich zu einem der freiesten und wettbewerbsfähigsten Märkte der Welt, was erheblich zur wirtschaftlichen Prosperität der Region beitrug.

5.3 Der Einfluss der Regierungspolitik auf die Entscheidungsfindung der Unternehmen

5.3.1 Die dynamische Beziehung zwischen Staat und Wirtschaft

In diesem Kapitel wird die komplizierte Beziehung zwischen staatlicher Politik und unternehmerischer Entscheidungsfindung im Kontext der klassisch-liberalen und österreichischen Traditionen thematisiert. Es wird untersucht, wie staatliche Eingriffe die wirtschaftlichen Rahmenbedingungen formen und die Entscheidungen und Strategien von Unternehmen beeinflussen können, die im Rahmen einer freien Marktwirtschaft weitaus geringer ausfallen würden.

5.3.2 Die Rolle des regulatorischen Umfelds

Klassische Liberale betonen die Bedeutung eines vorhersehbaren und transparenten regulatorischen Umfelds. Walter Eucken, eher ein Ordo- als ein klassischer Liberaler, ist durch seine Grundsätze der Wirtschaftspolitik mit konstituierenden und regulierenden Prinzipien bekannt geworden, die die Regulatoren berechenbar und sachgerecht machen. Ein derartiger stabiler ordnungspolitischer Rahmen ist förderlich für Unternehmertum, zumal er den Unternehmen ermöglicht, langfristige Planungen und Investitionen vorzunehmen, ohne Angst vor plötzlichen Gesetzesänderungen haben zu müssen. Transparenz in der Regulierung reduziert die Möglichkeit von Korruption und Machtmissbrauch, da klare und verständliche Regeln für alle Marktteilnehmer gelten. Durch vorhersehbare Regulierungen können Innovationen gefördert werden, da Unternehmer besser kalkulieren können, welche Rahmenbedingungen für ihre neuen Produkte und Dienstleistungen gelten. Schließlich trägt ein transparentes regulatorisches Umfeld zur Wettbewerbsgleichheit bei, indem es sicherstellt, dass alle Akteure im Markt nach denselben Regeln spielen.

5.3.3 Interventionismus und unbeabsichtigte Folgen

Österreichische Ökonomen tragen zur Diskussion bei, indem sie auf die unbeabsichtigten Folgen staatlicher Eingriffe hinweisen. Gut gemeinte politische Maßnahmen können zu Verzerrungen der Marktsignale führen, die

Unternehmensentscheidungen beeinträchtigen und möglicherweise die effiziente Ressourcenallokation behindern. Eingriffe des Staates führen zu Verzerrungen in den Marktmechanismen und verhindern effiziente Allokation von Ressourcen. Staatliche Eingriffe schaffen zudem oft komplexe bürokratische Strukturen, die ineffizient und kostspielig sind. Regulierungen und Vorschriften reduzieren die wirtschaftliche Freiheit der Konsumenten und Unternehmen. Staatliche Subventionen und Eingriffe können dazu führen, dass Kapital in ineffiziente Projekte fließt, anstatt in produktive und marktorientierte Investitionen. Geld- und Fiskalpolitik führt regelmäßig zu Inflation und fachen künstliche Konjunkturzyklen an.

5.3.4 Steuerpolitische Maßnahmen und wirtschaftliches Verhalten

Klassische Liberale plädieren für niedrige und transparente Steuern, da sie überzeugt sind, dass eine solche Politik Investitionen, Risikobereitschaft und das Schaffen von Arbeitsplätzen begünstigt. Steuerstrukturen beeinflussen die Entscheidungen von Unternehmen in Bezug auf Investitionen, Kapitalallokation und Wachstumsstrategien. Geringere Steuersätze erhöhen die verfügbaren Mittel für Investitionen in Innovation, Expansion und neue Arbeitsplätze. Transparente Steuern verringern zudem die Unsicherheit und Risiken, die Unternehmen bei langfristigen Planungen und Kapitalallokationen berücksichtigen müssen. Durch eine solche Steuerpolitik werden die Anreize zur Risikobereitschaft erhöht, was insgesamt zu einem dynamischeren und wettbewerbsfähigeren Wirtschaftsumfeld führt. Progressive Steuern gelten vielfach als ungerecht.

5.3.5 Subventionen, Anreize und Marktverzerrungen

Staatliche Subventionen und Anreize lassen sich durch die Brille der klassisch-liberalen und österreichischen Sichtweise betrachten. Derartige Eingriffe führen demnach zu Marktverzerrungen, indem sie bestimmte Branchen oder Akteure begünstigen, andere hingegen zugleich benachteiligen, und Unternehmensentscheidungen in einer Weise beeinflussen, die nicht mit den eigentlichen Absichten und möglicherweise nicht mit marktwirtschaftlichen Grundsätzen in Einklang steht. Schlechtes Wirtschaften kann durch Subventionen belohnt werden, die Verbraucher haben den Nachteil höherer Kosten. Die Kriterien für Subventionen sind nicht ökonomische, sondern politische und kommen durch den Lobbyismus und ein beschränktes Wissen weniger zustande.

5.3.6 Geldpolitik und Unternehmensplanung

Die Rolle der Geldpolitik bei der Gestaltung der Unternehmensplanung ist ein viel untersuchtes Thema. Klassische Liberale und Österreicher analysieren, wie sich geldpolitische Interventionen, z. B. Änderungen der Zinssätze, auf Investitionsentscheidungen, Inflationserwartungen und die allgemeine wirtschaftliche Stabilität auswirken und die Strategien der Unternehmen beeinflussen. Unternehmen werden verleitet, andere Entscheidungen zu treffen als es ohne den Einfluss der Geldpolitik der Fall wäre. Da staatliche Bürokratien per se nicht über das dezentral verstreute Wissen und die Präferenzen der Marktteilnehmer verfügen können, stehen für Österreicher staatlich festgelegte Zinssätze selten mit dem natürlichen Zins überein. Die Geldpolitik wird zudem durch politische Ziele beeinflusst und kann vom politischen Konjunkturzyklus vereinnahmt werden.

5.3.7 Handelspolitische Maßnahmen
und globale Unternehmensstrategien

Handelspolitik kann die globalen Strategien von Unternehmen beeinflussen. Klassische Liberale plädieren wie Österreicher für einen freien und offenen Handel und betonen, wie protektionistische Maßnahmen internationale Märkte verzerren und Entscheidungen in Bezug auf Beschaffung, Produktion und Marktzugang für Unternehmen beeinflussen können. Protektionismus und Konflikte sind miteinander verbunden. Ludwig von Mises konstatierte: «Freihandel bedeutet Frieden; Protektionismus bedeutet Konflikt.» Freihandel steigert die internationale Arbeitsteilung, hebt den Wohlstand, gerade auch für die armen Nationen, die nicht am landwirtschaftlichen Protektionismus entwickelter Länder scheitern, und sorgt für weltweiten Wettbewerb um bessere Produkte und Arbeitskräfte. Unternehmen suchen sich weltweit attraktive Standorte und verlassen unattraktive.

5.3.8 Umweltvorschriften und nachhaltige Praktiken

Eine Diskussion über Umweltvorschriften wird innerhalb des klassisch-liberalen und österreichischen Rahmens geführt. Vorschriften zur Förderung der Nachhaltigkeit können sich auf Unternehmensentscheidungen auswirken, wobei das Gleichgewicht zwischen Umweltverantwortung und der Notwendigkeit flexibler, marktorientierter Ansätze nicht per se in einem Spannungsfeld steht. Eine Herausforderung besteht in der Internalisierung von externen Effekten wie Lärm, Luftverschmutzung und Bodenbelastung die mit marktwirtschaftlichen und marktkonformen Instrumenten gelöst werden kann. Marktwirtschaftliche Ordnungen sind stets autoritären Systemen beim Umweltschutz überlegen. Das gilt wegen der wirksamen Feedback-Mechanismen, die Verbraucher und Bürger in offenen Gesellschaften initiieren, und aufgrund des höheren wirtschaftlichen und technologischen Niveaus.

5.3.9 Staatsausgaben und Steuerpolitik

Die Auswirkungen von Staatsausgaben und Steuerpolitik auf Unternehmen wurden und werden umfangreich analysiert. Klassische Liberale betonen die Bedeutung der fiskalischen Verantwortung und argumentieren, dass übermäßige Staatsausgaben zu Inflation führen, private Investitionen verdrängen und die Entscheidungsfindung von

Unternehmen angesichts wirtschaftlicher Unsicherheiten beeinflussen können. Eine Flat Tax gilt vielen Liberalen als angemessen und gerecht genauso wie ein einfaches Steuerrecht. Bis heute sind keine wirksamen Maßnahmen gegen ewiges Staatswachstum und entsprechende hohe Staatsausgaben gefunden worden. Der Wettbewerb zwischen Staaten bildet eine Ausnahme und steht deshalb unter Druck.

5.3.10 Rechtliche Rahmenbedingungen und vertragliche Beziehungen

Ein klar definiertes Rechtssystem, das Eigentumsrechte schützt und Verträge durchsetzt, bildet die notwendige Grundlage für Unternehmen, um vertrauenswürdige und vorhersehbare Transaktionen zu tätigen. Der Schutz von Eigentumsrechten verhindert willkürliche Enteignungen und sichert den Besitz von Vermögenswerten, was das Vertrauen in wirtschaftliche Aktivitäten stärkt. Das Durchsetzen von Verträgen fördert verlässliche Geschäftsbeziehungen, da alle Parteien sicher sein können, dass Vereinbarungen eingehalten werden. Rechtssicherheit und Vorhersehbarkeit sind entscheidend, um Investitionen zu stimulieren, Innovationen zu fördern und insgesamt arbeitsteiliges wirtschaftliches Wachstum zu ermöglichen.

5.3.11 Navigieren durch politische Ungewissheiten

Da sich Unternehmen in einer von der Politik geprägten Landschaft bewegen, müssen sich Unternehmen mit den Herausforderungen politischer Unsicherheiten befassen. Klassische Liberale und Österreicher erörtern Strategien für Unternehmen, um sich in einem Umfeld, in dem sich die Politik ändern kann, anzupassen und zu gedeihen, und betonen die Widerstandsfähigkeit und Flexibilität bei der Entscheidungsfindung.

Unternehmen können auf eine Diversifizierung ihrer Aktivitäten und Märkte setzen, um Risiken zu streuen und ihre Abhängigkeit von bestimmten politischen Rahmenbedingungen zu verringern. Ein flexibles Geschäftsmodell erlaubt es, schnell auf regulatorische Veränderungen zu reagieren und neue Chancen zu ergreifen. Strategien wie der Aufbau solider finanzieller Reserven, kontinuierliche Innovationsbereitschaft und Standortverlagerungen stärken die Anpassungsfähigkeit. Zusätzlich betonen klassische Liberale die Wichtigkeit eines stabilen und klaren Rechtsrahmens, um Rechtssicherheit und langfristige Planbarkeit zu gewährleisten. Ob sich Unternehmen aktiv an politischen Prozessen beteiligen sollen, um ihre Interessen zu vertreten und auf mögliche Änderungen vorbereitet zu sein, ist umstritten und in einer freien Gesellschaft mit einem Minimalstaat nicht erforderlich, als unternehmerischer Einsatz für mehr Marktwirtschaft und weniger Bürokratie erwünscht.

5.4 Internationaler Handel und der klassisch-liberale Ansatz

5.4.1 Die Grundlagen des internationalen Handels

In diesem Kapitel wird der klassisch-liberale Ansatz des internationalen Handels skizziert, wobei der Schwerpunkt auf den Prinzipien liegt, die den freien Austausch von Waren und Dienstleistungen über Grenzen hinweg ermöglichen. Es wird skizziert, wie klassische Liberale die Vorteile offener Märkte sehen und welche Rolle der Freihandel bei der Förderung der globalen wirtschaftlichen Zusammenarbeit spielt.

5.4.2 Komparativer Vorteil und Spezialisierung

Im Mittelpunkt der klassisch-liberalen Perspektive auf den internationalen Handel steht das Konzept des komparativen Vorteils von David Ricardo. Der komparative Vorteil, der auf Unterschieden bei den Opportunitätskosten beruht, veranlasst die Unternehmen in den Nationen dazu, sich auf die Produktion von Waren und Dienstleistungen zu spezialisieren, die sie am relativ besten herstellen können, sei es aus Gründen der Effizienz, der Qualität, der Differenzierung und des Preises, was zu einer Steigerung des gesamtwirtschaftlichen Wohlstands führt. Die komparativen Vorteile gelten auch im zwischenmenschlichen, individuellen Bereich. Ludwig von Mises' Vergesellschaftsgesetz betont, dass auch der weniger Talentierte durch Spezialisierung zum Markterfolg kommt, weil er z. B. durch Putzen anderen den Freiraum verschafft sich ganz auf die ingenieursmäßige Verbesserung der Produktion zu konzentrieren (auch Gesetz der Assoziierung genannt).

5.4.3 Freihandel als Motor des Wirtschaftswachstums

Klassische Liberale weisen nach, dass der Freihandel ein starker Katalysator für das Wirtschaftswachstum ist. Die Beseitigung von Handelshemmnissen fördert den Wettbewerb, die Innovation und die Effizienz und trägt zur Expansion der Märkte und zum allgemeinen Wohlstand der Nationen bei, die in einen offenen und für beide Seiten vorteilhaften Austausch treten. Staaten, die zum Freihandel übergegangen sind, weisen eine beträchtliche Wohlstandsentwicklung auf – bereits seit dem Jahrhundert vor der Industrialisierung. Absatzmärkte wachsen, Beschaffungsmärkte und das Reservoir an Ideen, Praktiken und Humankapital genauso wie (ausländische) Direktinvestitionen. Der weltweite Wohlstandszuwachs nach dem Zweiten Weltkrieg wurde durch den Abbau von Zöllen und Handelsschranken (GATT, WTO) beflügelt.

5.4.4 Protektionismus und seine Kritik

Die klassisch-liberale Kritik an protektionistischen Maßnahmen besitzt eine lange Tradition. Klassische Liberale zeigen immer wieder, dass Protektionismus, einschließlich Zöllen und Handelshemmnissen, die Marktsignale verfälscht, Verbraucherpreise erhöht, zu einer ineffiziente Ressourcennutzung führt, das Wirtschaftswachstum hemmt, Vergeltungsmaßnahmen provoziert und internationalen Beziehungen schadet. Verschleiernd werden Begriffe wie Schutzzölle verwendet, die allenfalls Sonderinteressen nutzen. Im Sinne von Donald Boudreaux geht es beim Handel nicht darum, einer Branche auf Kosten einer anderen zu helfen; es geht darum, die gesamte Wirtschaft produktiver und wohlhabender zu machen. Das Gegenteil gilt für Protektionismus.

5.4.5 Die Rolle der Regierung bei der Erleichterung des Freihandels

Klassische Liberale ermuntern Regierungen zu offenen Märkten beizutragen, indem sie Freihandelsabkommen aushandeln. Dazu gehören so unterschiedliche Personen wie

► **Mario Vargas Llosa,** der peruanische Schriftsteller und Nobelpreisträger, hat sich für offene Märkte und Freihandel in Lateinamerika stark gemacht.

► **Matt Ridley, 5.** Viscount Ridley, ist ein britischer Peer, Politiker, Unternehmer, Zoologe und Autor, der schreibt: «Wie der Sozialismus ist auch der reine Freihandel wahrscheinlich noch nie ausprobiert worden, aber im Gegensatz zum Sozialismus gedeihen die Länder umso besser, je näher sie dem Freihandel kommen.»

► **James Shikwati,** ein kenianischer Wirtschaftswissenschaftler und Direktor des Inter Region Economic Network (IREN), ist ebenfalls ein prominenter Befürworter des Freihandels. Shikwati hat sich gegen Entwicklungshilfe ausgesprochen und argumentiert, dass Freihandel und unternehmerische Freiheit bessere Wege sind, um wirtschaftliches Wachstum und Entwicklung in Afrika zu fördern.

Nach dem Zweiten Weltkrieg haben internationale Zollsenkungsrunden und Freihandelsabkommen der Regierungen den Wohlstand beflügelt (GATT, WTO). Seitdem stellt der Abbau nichttarifärer Handelshemmnisse eine Herausforderung dar. Mit zunehmender neuerlicher Blockbildung gehen Handelsbeschränkungen einher.

5.4.6 Die Gewinne aus dem Handel und die Verbrauchersouveränität

Freihandel fördert Verbrauchersouveränität, indem er den Zugang zu einer breiteren Palette von Produkten und Dienstleistungen ermöglicht. Dies erlaubt Individuen, Entscheidungen basierend auf ihren eigenen Präferenzen zu treffen, statt durch staatliche Beschränkungen eingeschränkt und gelenkt zu werden. Durch eine erhöhte Wettbewerbskraft auf globalen Märkten sinken Preise und die Qualität der Produkte steigt, was den Konsumenten zugutekommt. Im Laufe der Zeit bilden sich neue ökonomische (Kultur-)Niveaus aus. Die Freiheit der Verbraucherwahl trägt zu einem allgemeinen wirtschaftlichen Wohlstand bei, indem sie Unternehmen dazu motiviert, ihre Angebote kontinuierlich zu verbessern und den Bedürfnissen der Kunden anzupassen. Die Kunden sind idealerweise die Könige, der Souverän.

5.4.7 Lieferketten und globale wirtschaftliche Verflechtung

Klassische Liberale betonen, dass vernetzte Lieferketten, ermöglicht durch freien Handel, entscheidend für die Optimierung der Produktionsprozesse von Unternehmen sind. Durch den Zugang zu globalen Märkten können Unternehmen Rohstoffe, Komponenten und arbeitsteilige Dienstleistungen aus den wettbewerbsfähigsten Quellen beziehen, was die Kosten senkt und die Effizienz steigert. Ressourcen werden besser genutzt und Produktionsprozesse rationalisiert sowie Innovationen verbreitet. Die globale Vernetzung führt zudem zu einer breiteren Produktvielfalt und höheren Qualitätsstandards, da Unternehmen ihre Produkte kontinuierlich verbessern müssen, um international wettbewerbsfähig zu bleiben. Letztlich profitieren die Verbraucher von einer größeren Auswahl an hochwertigen und kostengünstigen Produkten, was eine allgemeine wirtschaftliche Wohlstandförderung bedeutet.

5.4.8 Devisenmärkte und Marktdynamik

Klassische Liberale betrachten Devisenmärkte als wesentliche Elemente des freien Handels, die zentrale Funktionen in der globalen Wirtschaft erfüllen. Diese Märkte ermöglichen eine effiziente Preisfindung durch Angebot und Nachfrage von Devisen, was für Transparenz der staatlichen Währungsperformance sorgt und – bei Abwesenheit staatlicher Eingriffe in Devisenmärkte – den Freihandel unterstützt. Zudem bieten sie Instrumente für das Risikomanagement, indem sie Unternehmen und Investoren Absicherungsmöglichkeiten gegen Wechselkursschwankungen bereitstellen. Dies fördert Planungssicherheit und Stabilität im internationalen Handel. Schließlich unterstützen Devisenmärkte eine effiziente Ressourcenallokation, da sie Kapital dorthin lenken, wo es am produktivsten eingesetzt werden kann, und somit das Wirtschaftswachstum und die globale Wettbewerbsfähigkeit beflügeln.

5.4.9 Umgang mit Handelsungleichgewichten

In klassisch-liberaler Perspektive werden Handelsungleichgewichte durch Marktkräfte und den komparativen Vorteil ausgeglichen. Freier Handel führt dazu, dass sich Länder, besser Unternehmen in den Ländern, auf die Produktion von Gütern spezialisieren, bei denen sie einen relativen Vorteil haben, was Effizienz und Wohlstand steigert. Handelsungleichgewichte gleichen sich durch Wechselkursanpassungen und Preismechanismen aus: Defizitländer sehen ihre Währung abwerten, was Exporte billiger und Importe teurer macht. Einem sogenannten Handelsbilanzdefizit steht stets ein Kapitalbilanzüberschuss gegenüber, es werden mehr Güter importiert und mehr Kapital strömt ins Land als aus dem Land. Die Selbstregulierung erfolgt über Märkte, die durch Angebot und Nachfrage gesteuert werden. Staatliche Maßnahmen wie Zölle und Subventionen scheinen kurzfristig zu helfen, führen aber spätestens langfristig zu Ineffizienzen und vermindertem Wohlstand.

5.4.10 Multilateralismus und Freihandelsabkommen

Multilateralismus und Freihandelsabkommen schaffen einen klaren Rahmen für offenen und fairen Handel, indem sie verbindliche Regeln und Standards kodifizieren, die Transparenz und Rechtssicherheit fördern. Durch die Reduzierung von Zöllen und Handelsbarrieren erleichtern Freihandelsabkommen den Zugang zu zuvor staatlich versperrten Märkten und fördern den Wettbewerb, was zu niedrigeren Preisen und einer größeren Vielfalt für Verbraucher führt. Multilaterale Institutionen wie die Welthandelsorganisation (WTO) bieten ein Forum für die Beilegung von Handelsstreitigkeiten und die Aushandlung neuer Handelsregeln.

Der Multilateralismus fördert die wirtschaftliche Integration und Zusammenarbeit, indem er die Wechselwirkungen zwischen Nationen verstärkt und gemeinsame wirtschaftliche Ziele betont. Durch das Schaffen eines strukturierten und kooperativen Umfelds erleichtern Freihandelsabkommen den Austausch von Gütern, Dienstleistungen, Kapital und Technologie, was langfristig zu höherem Wirtschaftswachstum und globaler Stabilität beiträgt

5.4.11 Fallstudien zum erfolgreichen Freihandel

Fallstudien aus der Praxis zeigen, wie Nationen den klassischen liberalen Ansatz im internationalen Handel erfolgreich umgesetzt haben. Diese Beispiele veranschaulichen die positiven Auswirkungen offener Märkte, erhöhten Wohlstands, schnelleren Wachstums und größerer Widerstandsfähigkeit gegen wirtschaftliche Schocks sowie verbesserte diplomatische Beziehungen, die aus den Prinzipien des Freihandels resultieren.

Singapur verfolgte seit Ende der 1960er Jahre eine Politik des Freihandels und geringer staatlicher Interventionen, um sich als globaler Handels- und Finanzhub zu etablieren. Durch liberale Wirtschaftsreformen, niedrige Steuersätze und offene Märkte zog Singapur umfangreiche ausländische Investitionen an und entwickelte sich zu einer der wohlhabendsten Nationen weltweit.

Chile öffnete seine Wirtschaft nach der Militärdiktatur und setzte auf freien Handel und Marktliberalisierung. Durch den Abbau von Zöllen und Handelsbarrieren sowie die Förderung ausländischer Investitionen erzielte das Land ein beeindruckendes Wirtschaftswachstum und erhöhte die Wettbewerbsfähigkeit seiner Exporte, zunächst insbesondere im Rohstoffsektor, dann für Industriegüter.

Nach der Unabhängigkeit von der Sowjetunion 1991 führte Estland marktwirtschaftliche Reformen ein und setzte auf freien Handel, Deregulierung und geringe Steuern. Das Land implementierte eine einheitliche Einkommenssteuer und förderte technologische Innovationen. Diese Maßnahmen trugen zu starkem Wirtschaftswachstum, ausländischen Investitionen und einer schnellen Integration in die globale Wirtschaft bei. Estland wurde zum führenden Beispiel für eine erfolgreiche Transformation von einer Plan- zu einer Marktwirtschaft.

6. ANWENDUNGEN UND FALLSTUDIEN

aus klassisch-liberaler und österreichischer Sicht

6.1 Erfolgsgeschichten von Unternehmen in einer Marktwirtschaft

6.1.1 Einführung in den Erfolg einer Marktwirtschaft

In diesem Kapitel befassen wir uns mit (weiteren) realen Anwendungen der klassisch-liberalen und österreichischen Wirtschaftsprinzipien, indem wir Erfolgsgeschichten marktwirtschaftlicher Unternehmen untersuchen. Anhand von Unternehmen, die in einem von wirtschaftlicher Freiheit, freiwilligem Austausch und minimalen staatlichen Eingriffen geprägten Umfeld gediehen sind, wollen wir die praktischen Ergebnisse der Umsetzung dieser Perspektiven aufzeigen.

6.1.2 Innovation, Anpassungsfähigkeit und Marktführerschaft

TRUMPF, ein Familienunternehmen mit Sitz in Ditzingen, ist weltweit führend in der Herstellung von Werkzeugmaschinen, Lasertechnologie und Elektronik für industrielle Anwendungen. Das Unternehmen setzt auf Innovation und Anpassungsfähigkeit, um seine Marktführerschaft zu behaupten.

Durch kontinuierliche Investitionen in Forschung und Entwicklung insbesondere unter der Führung von Berthold Leibinger und seiner ihm nachfolgenden Tochter hat TRUMPF Technologien hervorgebracht, die Produktionsprozesse effizienter und kostengünstiger gestalten. Zudem ermöglicht die flexible Struktur des Unternehmens eine schnelle Reaktion auf sich ändernde Marktbedingungen und Kundenanforderungen. TRUMPFs Fokus auf Qualität und technologische Exzellenz sowie seine starke Kundenorientierung und Anpassungsfähigkeit an dynamische Marktbedingungen können als Beispiel dienen, wie klassisch-liberale und österreichische Grundsätze erfolgreich angewendet werden können, um langfristiges Wachstum und Marktführerschaft zu erreichen.

6.1.3 Unternehmensgründungen und wirtschaftlicher Wohlstand

Das Unternehmen Kühne und Nagel wurde 1890 von August Kühne und Friedrich Nagel in Bremen gegründet. Es hat sich von einem regionalen Spediteur zu einem der weltweit führenden Logistikunternehmen entwickelt. Kühne und Nagel steht exemplarisch für unternehmerischen Weitblick und zeigt, wie effiziente Logistiklösungen und Innovationskraft globale Märkte prägen können. Mit einem umfangreichen Netzwerk, das See-, Luft- und Landtransporte sowie Lagerlogistik in über 100 Ländern umfasst, trägt das Unternehmen entscheidend zur Optimierung globaler Lieferketten bei. Gleichzeitig schafft Kühne und Nagel zahlreiche Arbeitsplätze in verschiedenen Bereichen wie Transportmanagement, IT und Nachhaltigkeitslösungen und leistet so einen bedeutenden Beitrag zum wirtschaftlichen Wohlstand. Das Unternehmen hat zahlreiche wirtschaftliche, technologische und geopolitische Veränderungen durchlebt und frühzeitig auf Digitalisierung und Automatisierung gesetzt, um effiziente und transparente Lieferkettenlösungen anzubieten.

6.1.4 Freihandel und globale Marktexpansion

Ein Beispiel aus Großbritannien, das die Vorteile des Freihandels und der globalen Marktexpansion veranschaulicht, ist Unilever PLC. Während Unilever ein multinationales Unternehmen mit niederländischen und britischen Wurzeln ist, spielt sein britischer Teil eine entscheidende Rolle in seiner globalen Strategie. Unilever nutzt offene Märkte und internationalen Handel, um seine breite Palette an Konsumgütern in über 190 Ländern zu vertreiben. Durch die Umsetzung klassisch-liberaler Grundsätze, wie der Nutzung von komparativen Vorteilen und der Minimierung von Handelsbarrieren bei weltweiter Länderpräsenz mit starken Marken, konnte Unilever ein wirksames globales Netzwerk aufbauen. Dies hat zu erheblichem Wachstum und Erfolg geführt. Ein zentraler Aspekt von Unilevers Strategie ist die lokale Anpassung seiner Produkte.

6.1.5 Ethische Geschäftspraktiken und Corporate Citizenship

The Body Shop International Limited: Dieses britische Unternehmen, gegründet von Anita Roddick im Jahr 1976, hat sich von Anfang stark für ethische Überlegungen, Corporate Citizenship und soziale Verantwortung eingesetzt. The Body Shop hat Pionierarbeit in der Förderung von Nachhaltigkeit und fairen Handelspraktiken geleistet. Das Unternehmen setzt auf natürliche Inhaltsstoffe, tierversuchsfreie Produkte und umweltfreundliche Verpackungen. Es engagiert sich zudem in verschiedenen sozialen und ökologischen Initiativen, wie der Unterstützung von Gemeinschaftsprojekten und der Bekämpfung von Menschenrechtsverletzungen durch faire Handelspraktiken. Durch die Integration dieser ethischen Prinzipien in seine Geschäftspraktiken hat The Body Shop nicht nur eine treue Kundenbasis aufgebaut, sondern auch gezeigt, dass Unternehmen, die soziale Verantwortung und ethische Überlegungen in den Vordergrund stellen, langfristig erfolgreich und gesellschaftlich positiv wirken können.

6.1.6 Widerstandsfähigkeit angesichts wirtschaftlicher Herausforderungen

Ein Beispiel aus Italien, das den Umgang mit Strukturwandel und grundlegenden Veränderungen in den Märkten durch technologischen Wandel zeigt, ist die Luxottica Group S.p.A. Luxottica, gegründet von Leonardo Del Vecchio, ist weltweit führend in Design, Herstellung und Distribution von Brillenmodellen, einschließlich bekannter Marken wie Ray-Ban und Oakley. Durch strategische Investitionen in Technologie und Innovation hat das Unternehmen seine Produktionsprozesse modernisiert und automatisiert, was zu einer erheblichen Effizienzsteigerung führte. Gleichzeitig hat Luxottica frühzeitig die Bedeutung der Digitalisierung und E-Commerce erkannt und seine Online-Präsenz ausgebaut, um den veränderten Einkaufsgewohnheiten der Kunden gerecht zu werden. Luxottica hat auch auf den Strukturwandel im Einzelhandel reagiert, indem es eine vertikal integrierte Geschäftsstrategie verfolgte. Das Unternehmen kontrolliert viele Aspekte der Wertschöpfungskette, von der Herstellung bis zum Vertrieb in eigenen Geschäften und Online-Plattformen. Diese Flexibilität und Anpassungsfähigkeit haben Luxottica geholfen, wirtschaftliche Abschwünge zu überstehen und auf langfristige Veränderungen in der Marktlandschaft zu reagieren. Klassische Liberale und Österreicher können daran Gefallen finden.

6.1.7 Befähigung von Einzelpersonen und lokalen Gemeinschaften

Mondragon Corporation aus Spanien ist zwar eine Genossenschaft, repräsentiert zugleich aber klassisch-liberale Werte wie individuelle Freiheit, freiwillige Zusammenarbeit und Engagement für die Gemeinschaft.

Mondragon, gegründet 1956 im Baskenland, ist heute einer der größten Genossenschaftsverbunde der Welt, mit Tätigkeiten in verschiedenen Sektoren, darunter Industrie, Finanzen, Einzelhandel und Wissen. Die Unternehmensstruktur basiert auf den Prinzipien demokratischer Beteiligung und gemeinsamen Eigentums. Mitarbeiter sind zugleich Mitglieder der Genossenschaft, was ihnen eine Stimme in der Unternehmensführung und einen Anteil am wirtschaftlichen Erfolg gibt. Diese Struktur stärkt den Einzelnen, indem sie Selbstbestimmung und persönliche Verantwortung fördert. Mondragon legt großen Wert auf Bildung und kontinuierliche Weiterbildung seiner Mitglieder, was zur individuellen Entwicklung und beruflichen Qualifikation beiträgt. Darüber hinaus ist Mondragon stark in die lokale Gemeinschaft eingebunden. Das Unternehmen reinvestiert Gewinne in lokale

Projekte und Initiativen, die das Wohl der Gemeinschaft fördern und die Region ökonomisch und sozial entwickeln, wie Schulen, Gesundheitszentren und kulturelle Einrichtungen. Mondragons Erfolg zeigt, wie positiv sich Prinzipien individueller Freiheit, freiwilliger Zusammenarbeit und eines Gemeinschaftsengagement innerhalb einer Marktwirtschaft auswirken.

6.1.8 Gleichgewicht zwischen Rentabilität und Unternehmenswerten

Patagonia, gegründet von Yvon Chouinard, ist bekannt für seine Outdoor-Bekleidung und -Ausrüstung. Das Unternehmen hat es geschafft, Rentabilität und Unternehmenswerte in Einklang zu bringen. Patagonia verfolgt eine Geschäftspolitik, die auf Nachhaltigkeit, Transparenz und ethischer Verantwortung basiert. Das Unternehmen setzt sich stark für Umweltschutz ein und verwendet recycelte Materialien, fördert faire Arbeitspraktiken und unterstützt zahlreiche ökologische Initiativen. Patagonias «1% for the Planet» Kampagne verpflichtet das Unternehmen, 1% seines Umsatzes an Umweltorganisationen zu spenden.

Finanziell erfolgreich zu sein, ohne die eigenen Werte zu kompromittieren, ist ein zentrales Prinzip von Patagonia. Das Unternehmen hat gezeigt, dass ethische Geschäftspraktiken und Rentabilität sich nicht ausschließen, sondern sich gegenseitig fördern können. Durch prinzipientreue Entscheidungsfindung, wie die Weigerung, sich an kurzfristigen Trends zu beteiligen und stattdessen auf langfristige Nachhaltigkeit zu setzen, hat Patagonia nicht nur eine treue Kundenbasis aufgebaut, sondern auch nachhaltige Werte geschaffen.

6.1.9 Marktgesteuertes Umweltmanagement (Environmental Stewardship)

Ein Beispiel für marktgesteuertes Umweltmanagement aus klassisch-liberaler und österreichischer Sicht ist IKEA. Das schwedische Möbelunternehmen hat es geschafft, marktgesteuerte Anreize mit Umweltverantwortung zu verbinden und dadurch nachhaltige Praktiken ohne strenge Vorschriften zu fördern.

IKEA hat umfangreiche Maßnahmen ergriffen, um seine Umweltbilanz zu verbessern, indem es auf nachhaltige Materialien und Energieeffizienz setzt. Bis 2020 hat IKEA mehr Energie produziert, als es verbraucht, was die Abhängigkeit von fossilen Brennstoffen erheblich reduziert hat.

Ein weiteres Beispiel für marktgesteuertes Umweltmanagement ist IKEAs Engagement für die Kreislaufwirtschaft. Das Unternehmen hat Initiativen gestartet, um gebrauchte Möbel zurückzukaufen und wiederzuverwenden, was sowohl Abfall reduziert als auch den Materialverbrauch minimiert. Durch den Verkauf langlebiger Produkte und die Förderung von Recyclingpraktiken hat IKEA Marktanreize geschaffen, die sowohl wirtschaftlichen Erfolg als auch ökologische Nachhaltigkeit fördern.

6.1.10 Lehren und Leitprinzipien

Zusammengefasst, Lehren aus den Erfolgsgeschichten marktwirtschaftlicher Unternehmen:

1. Innovation und Anpassungsfähigkeit
   TRUMPF: Kontinuierliche Investitionen in Forschung und Entwicklung und flexible Reaktion auf Marktveränderungen führen zu langfristigem Wachstum und Marktführerschaft.
2. Unternehmensgründungen u. wirtschaftlicher Wohlstand
   Red Bull: Schaffen eines neuen Marktsegments durch Innovationskraft und einzigartige Marketingstrategien tragen zu wirtschaftlichem Wohlstand und neuen Arbeitsplätzen bei.
3. Freihandel und globale Marktexpansion
   Unilever: Nutzen offener Märkte und internationaler Handelsvorteile fördert globales Wachstum und Erfolg bei lokaler Anpassung der Produkte.

4. Ethische Geschäftspraktiken und Corporate Citizenship
The Body Shop: Integration von Nachhaltigkeit und sozialen Verantwortungsinitiativen führt zu einer treuen Kundenbasis und langfristigem Erfolg.
5. Widerstandsfähigkeit angesichts wirtschaftlicher Herausforderungen
Luxottica: Strategische Investitionen in Technologie und Digitalisierung, Anpassung an Strukturwandel und nutzen einer vertikal integrierten Geschäftsstrategie stärken die Marktposition.
6. Befähigung von Einzelpersonen und lokalen Gemeinschaften
Mondragon Corporation: Fördern von individueller Freiheit, demokratischer Beteiligung und lokaler Gemeinschaftsentwicklung durch genossenschaftliche Strukturen führt zum Erfolg.
7. Gleichgewicht zwischen Rentabilität und Unternehmens-werten
Patagonia: Kombination von finanziellen Erfolgen mit nachhaltigen und ethischen Geschäftspraktiken schaffen langfristige Werte und fördern eine treue Kundenbasis.
8. Marktgesteuertes Umweltmanagement
IKEA: Umsetzen nachhaltiger Praktiken durch marktgesteuerte Anreize, wie das Nutzen erneuerbarer Energien und die Förderung der Kreislaufwirtschaft, vereint ökologische und wirtschaftliche Ziele.

Diese Fallstudien zeigen, dass Unternehmen, die klassisch-liberale und österreichische Wirtschaftsgrundsätze im weiteren Sinne anwenden, sowohl wirtschaftlichen Erfolg als auch positive soziale und ökologische Auswirkungen erzielen.

6.2 Misserfolge und gelernte Lektionen: Staatliche Interventionen in die Wirtschaft

6.2.1 Einführung in staatliche Eingriffe

In diesem Kapitel werden die Folgen staatlicher Eingriffe in die Wirtschaft aus klassisch-liberaler und österreichischer Sicht beleuchtet. Durch die Untersuchung von Fällen, in denen übermäßige Regulierung, Subventionen und interventionistische Maßnahmen zu Misserfolgen und suboptimalen Ergebnissen führten, wollen wir wertvolle Lehren und Erkenntnisse für Unternehmen und politische Entscheidungsträger gleichermaßen gewinnen.

6.2.2 Überregulierung und Marktverzerrungen

Fallstudien zeigen, dass (übermäßige) Regulierung zu Marktverzerrungen geführt haben. Gerade gut gemeinte Vorschriften hatten unbeabsichtigte Folgen. Die staatlichen Eingriffe verschlechterten das Unternehmensumfeld und die Lage der Kunden. Drei Beispiele sollen das illustrieren.

Energiemarkt in Kalifornien (2000-2001): Kaliforniens rigide Strompreiskontrollen und verfehlte (De-)Regulierung – erzwungener Verkauf von Stromerzeugungskapazitäten, Strompreisfixierung für Verbraucher, führten dazu, dass Versorgungsunternehmen die knappheitsbedingten hohen Großhandelspreise nicht weitergeben konnten, was zu schweren Energieengpässen und finanziellen Krisen führte. Dies resultierte in wiederkehrenden Stromausfällen und dem Bankrott von Energieversorgern, was schließlich eine umfassende Reform der Energieregulierung erforderlich machte.

Taxiregulierung in New York City: Die strikte Regulierung der Taxibranche in New York City, insbesondere durch die Begrenzung der Anzahl der Taxi-Lizenzen, verknappte künstlich das Angebot und erhöhte die Preise für Lizenzen extrem. Dies verzerrte den Markt und machte den Eintritt neuer Wettbewerber unmöglich, bis die Einführung von Fahrdienstanbietern wie Uber und Lyft das Monopol der Lizenzbesitzer in Frage stellte.

Agrarsubventionen in der Europäischen Union: Die komplexen und umfangreichen Agrarsubventionen der Europäischen Union führten dazu, dass Landwirte oft eher subventionsorientierte als marktorientierte Entscheidungen trafen. Dies verursachte Überproduktion in bestimmten Sektoren und verzerrte den Wettbewerb, indem es ineffiziente Betriebe auf Kosten der Steuerzahler am Leben hielt und es für andere erschwerte.

Das Beispiel der Mietpreisbremse kann der Leser selbst für unterschiedliche Länder und Städte in unterschiedlichen Jahrzehnten entsprechend untersuchen.

6.2.3 Subventionen und Klientelwirtschaft

Die staatliche Unterstützung bestimmter Branchen oder Unternehmen verzerrt den Wettbewerb, behindert Innovationen, schadet den Verbrauchern und gefährdet wirtschaftliche Freiheit.

Die deutsche Kohleindustrie wurde jahrzehntelang, bereits unter Ludwig Erhard, stark subventioniert, um Arbeitsplätze in strukturschwachen Regionen zu erhalten und die Energieversorgung sicherzustellen. Diese Subventionen flossen vor allem in den Steinkohlebergbau, der im internationalen Vergleich wenig wettbewerbsfähig war.

Bankia, eine der größten Banken Spaniens, entstand durch die Fusion mehrerer regionaler Sparkassen, die aufgrund schlechter Managementpraktiken und riskanter Kreditvergaben insbesondere im Immobilienbereich in finanzielle Schwierigkeiten gerieten. Starke politische Verbindungen und Vetternwirtschaft führten dazu, dass Bankia trotz offensichtlicher Probleme zunächst weiter operierte. Bankia wurde im Zuge der Finanzkrise verstaatlicht, massiv staatlich finanziert und schließlich fusioniert.

Die US-Zuckerindustrie wird seit langem durch ein System von Subventionen, Importquoten und Mindestpreise stark geschützt. Diese Maßnahmen wurden ursprünglich eingeführt, um die heimische Zuckerproduktion zu stabilisieren und Arbeitsplätze in der Landwirtschaft zu sichern. Die Zuckerpreise liegen in den USA über dem Weltmarktniveau, internationale Produzenten haben kaum Zugang zum US-Markt, und ineffiziente inländische Produzenten können weiter bestehen. Handelskonflikte sind eine weitere Folge, z. B. mit Mexico 2014.

6.2.4 Protektionistische Politiken und Handelskriege

Protektionistische Maßnahmen und Handelskriege wirken sich negativ auf Unternehmen und Verbraucher aus. Lieferketten werden unterbrochen. Der Wohlstand sinkt, die staatliche Konfrontation steigt.

Handelskrieg USA China (2018-2020): Der Handelskrieg zwischen den USA und China begann 2018, als die USA Zölle auf eine Vielzahl chinesischer Produkte erhoben, um das Handelsdefizit zu verringern und sogenannte unfaire Handelspraktiken zu bekämpfen. China reagierte mit eigenen Zöllen auf US-Importe, was zu einem eskalierenden Zyklus von Vergeltungsmaßnahmen führte. Beispielsweise musste Apple bzw. mussten seine Kunden höhere Kosten tragen, da viele ihrer Komponenten in China hergestellt und in die USA exportiert wurden. Dies führte zu steigenden Produktionskosten und Preisanpassungen, um die erhöhten Zölle auszugleichen. Zugleich war die US-Landwirtschaft stark betroffen, insbesondere die Sojabohnenindustrie. China, einer der größten Abnehmer von US-Sojabohnen, reduzierte seine Importe drastisch, was zu einem massiven Überangebot und Preisverfall führte. Bauern standen vor erheblichen finanziellen Schwierigkeiten, und viele erhielten staatliche Zuwendungen, um die Verluste zu kompensieren.

6.2.5 Steuerliche Anreize und unbeabsichtigte Folgen

Fiskalische Stimulierungspakete haben unbeabsichtigte Folgen. Staatliche Ausgaben sollen das Wirtschaftswachstum «ankurbeln» und sorgen dabei für Ineffizienz und langfristige Probleme.

Als Musterbeispiel gilt Japans «Lost Decade». Nach dem Platzen der Immobilien- und Aktienblase Anfang der 1990er Jahre versank Japan in einer langanhaltenden Wirtschaftskrise, die als «Lost Decade» bekannt wurde. Die japanische Regierung versuchte, die Wirtschaft durch massive fiskalische Stimulierungspakete wachsen zu lassen, einschließlich umfangreicher öffentlicher Bauprojekte und Infrastrukturinvestitionen. Zu den unbeabsichtigten Folgen gehören eine stark erhöhte Staatsverschuldung ohne Wirtschaftswachstum. Die Infrastrukturprojekte führten zu sogenannten weißen Elefanten – teuren, aber wenig nützlichen Projekten. Zugleich zogen die fiskalischen Maßnahmen Ressourcen von produktiveren Investitionen ab und führten zu einer Überkapazität in einigen Sektoren, insbesondere im Bauwesen, während ineffiziente Unternehmen und Strukturen aufrechterhalten blieben.

Das US-amerikanische Konjunkturpaket nach der Finanzkrise 2008 ist ein weiteres Standardbeispiel. Nach der Finanzkrise von 2008 verabschiedeten die USA das American Recovery and Reinvestment Act (ARRA) im Jahr 2009, ein gigantisches fiskalisches Stimulierungspaket in Höhe von 787 Milliarden USD. Ziel war es, die Wirtschaft zu stabilisieren und die Beschäftigung zu fördern, indem in eine breite Palette von Bereichen investiert wurde, darunter Infrastruktur, Bildung, Gesundheit und erneuerbare Energien. Ein erheblicher Teil der Mittel wurde schnell verteilt, was zu ineffizienten Investitionen und dem sogenannten «Speed vs. Efficacy»-Problem führte. Kurzfristige Beschäftigungseffekte zu überhöhten Kosten und geringem langfristigem Nutzen waren ein Kennzeichen. Einige Unternehmen waren fortdauernd auf Subventionen angewiesen. Ohne realistische Geschäftsmodelle blieben Arbeitsplätze in der Automobilindustrie erhalten, ohne dass die Unternehmen waren.

In liberaler Perspektive wird das Thema auch unter dem Begriff «pork» diskutiert. «Pork barrel spending» bezieht sich auf das Zuweisen von Regierungsbudgets für (lokale) Projekte, die hauptsächlich dazu dienen, den Abgeordneten politische Gefälligkeiten und Unterstützung in ihren Heimatdistrikten zu sichern. Diese Projekte können Brücken, Straßen, Gebäude, Forschungsgelder und andere kommunale Infrastrukturprojekte umfassen.

6.2.6 Geldpolitik und Marktvolatilität

Geldpolitik wirkt sich auf die Marktvolatilität aus. Interventionen der Zentralbank beeinflussen direkt und indirekt die Zinssätze und die Liquidität, tragen zu Marktunsicherheiten bei und beeinflussen die Entscheidungsfindung von Unternehmen.

Die Euro-Krise wurde durch die Staatsschuldenprobleme in mehreren Mitgliedsstaaten der Eurozone, insbesondere Griechenland, ausgelöst. Die EZB reagierte mit einer Senkung der Zinssätze auf historische Tiefststände und der Einführung unkonventioneller geldpolitischer Maßnahmen wie dem Ankauf von Staatsanleihen *(Quantitative Easing)* und der Bereitstellung langfristiger Refinanzierungsgeschäfte (LTROs) für Banken.

Fluktuationen an den Anleihe- und Devisenmärkten: Ankündigungen und Maßnahmen der EZB, insbesondere Mario Draghis «Whatever it takes»-Rede im Jahr 2012, führten zu starken Schwankungen an den Anleihe- und Devisenmärkten. Unsicherheiten über die langfristige Stabilität der Währungsunion und die zukünftige Rolle der EZB entstanden und verstärkten die Volatilität. Die Geldmenge wurde weiter künstlich erhöht, der Euro geschwächt, die Verbraucher durch die Geldentwertung geschädigt.

Einfluss auf die Unternehmensfinanzierung und Investitionen: Die expansive Geldpolitik der EZB führte zu sinkenden Kreditkosten für Unternehmen, was kurzfristig Investitionen und Wachstum förderte. Allerdings erzeugten die extrem niedrigen Zinssätze auch Druck auf die Margen der Banken, was deren Bereitschaft, Kredite zu vergeben, langfristig beeinflussen konnte. Extrem niedrige Zinsen beeinflussten Unternehmen bei Kapitalbeschaffung und Investitionen. Unsicherheiten bezüglich der wirtschaftlichen Stabilität in der Eurozone entstanden.

6.2.7 Regulatorische Vereinnahmung und Kollusion

Regulierungsbehörden können durch Unternehmen vereinnahmt werden und es kann geheime Absprachen geben. So gab es z. B. vor der Finanzkrise 2008 enge Beziehungen zwischen den US-Banken und den Regulierungsbehörden, insbesondere der *Securities and Exchange Commission* (SEC) und der *Federal Reserve*. Diese Nähe wird als «regulatory capture» (George Stigler, 1971) bezeichnet, da Banken erheblichen Einfluss auf Regulierungsbehörden ausübten und deren Entscheidungen in ihrem Interesse lenkten. Unter dem Einfluss der Bankenbranche lockerten die Regulierungsbehörden wichtige Vorschriften, die das Finanzsystem stabilisieren sollten. Die Aufsicht über komplexe Finanzinstrumente wie *Mortgage-Backed Securities* (MBS) und Derivate wurde reduziert. Das ermöglichte Banken, höhere Risiken einzugehen, ohne angemessene Kapitalreserven vorzuhalten. Diese Lockerung trug wesentlich zur Finanzkrise bei.

Der Diesel-Skandal, auch als «Dieselgate» bekannt, kam 2015 ans Licht, als bekannt wurde, dass Volkswagen und andere Automobilhersteller illegale Software verwendet hatten, um die Emissionswerte ihrer Dieselfahrzeuge während der Tests zu manipulieren. Das Kraftfahrt-Bundesamt (KBA), die zentrale Regulierungsbehörde für Kraftfahrzeuge in Deutschland, stand in der Kritik, da es seine Aufsichtspflichten vernachlässigt hatte und als zu nachsichtig gegenüber der Autoindustrie galt. So hatte das KBA, trotz Verdachtsmomenten und Hinweisen, die Prüfungen und Zertifizierungen der Fahrzeuge der Autohersteller nicht rigoros genug durchgeführt. Enge Beziehungen zwischen der deutschen Autoindustrie und den Regulierungsbehörden spielten eine Rolle.

6.2.8 Umweltvorschriften und unternehmerische Herausforderungen

Gut gemeinte umweltpolitische Maßnahmen führen zu (unbeabsichtigten) Schwierigkeiten für Unternehmen. Die Europäische Union hat strenge Emissionsvorschriften eingeführt, um den CO_2-Ausstoß von Fahrzeugen zu reduzieren. Diese Vorschriften wurden im Rahmen des «European Green Deal» und der Verordnung (EU) 2019/631 verschärft, die den CO_2-Ausstoß von Neuwagen bis 2030 drastisch senken sollen. Die Folgen sind hohe Kosten für Umstellung und Compliance, die Hersteller kleinerer Autos mit geringeren Margen besonders belastete. Einige Unternehmen mussten Produktionslinien schließen oder ihre Produktpalette verkleinern, um die Emissionsziele zu erreichen, was zu Arbeitsplatzverlusten und einer Reduktion der Wettbewerbsfähigkeit führte. Einige Hersteller erwogen ihre Produktionsstandorte in Länder mit weniger strikten Umweltvorschriften zu verlagern. Zudem wurde der Markt für Kleinwagen, die traditionell niedrigere Margen aufweisen, aber proportional höhere Entwicklungskosten für emissionsarme Technologie tragen müssen, stark beeinträchtigt.

Ähnliche Folgen hatte das Pariser Klimaschutzabkommen von 2015. Die sozialen und politischen Folgen, insbesondere in Regionen, die stark von der traditionellen Energieproduktion abhängig waren, in den USA etwa die Kohleregionen in den Appalachen, reichen bis zur Wiederwahl von Donald Trump.

6.2.9 Staatliche Rettungsaktionen und Moral Hazard

Im Zuge der Finanzkrise 2008 sahen sich große US-Autobauer wie General Motors (GM) und Chrysler mit existenziellen finanziellen Schwierigkeiten konfrontiert. Die US-Regierung stellte diesen Unternehmen Milliardenhilfen durch das *Troubled Asset Relief Program* (TARP) zur Verfügung, um sie vor dem Zusammenbruch zu bewahren und die wirtschaftlichen Auswirkungen auf Arbeitsplätze und Zulieferer zu minimieren. Die tiefgreifenden strukturellen Probleme, die zu den Schwierigkeiten der Automobilhersteller beigetragen hatten, wurden durch die Rettung teilweise verschleiert. Die staatliche Unterstützung für GM und Chrysler stellte zugleich eine erhebliche Wettbewerbsverzerrung dar, da sie diesen Unternehmen einen unfairen Vorteil gegenüber ihren Konkurrenten verschaffte.

Die Rettungspakete für die Banken in Spanien und Irland während der Eurokrise (2010-2015) signalisierten, dass riskantes Verhalten und schlechte Geschäftsentscheidungen letztlich vom Staat aufgefangen werden können. Banken, die hohe Risiken eingegangen und dadurch in Schwierigkeiten geraten waren, wurden durch staatliche Interventionen stabilisiert, ohne dass sie die vollen Konsequenzen ihrer Handlungen tragen mussten *(Moral Hazard)*. Zugleich schlugen sich die enormen Kosten der Bankenrettungen in den Staatshaushalten nieder. Die erhebliche öffentliche Verschuldung musste oft durch Kürzungen von Ausgaben und Steuererhöhungen ausgeglichen werden, was zu sozialen Spannungen und wirtschaftlichen Schwierigkeiten für die Bevölkerung führte.

7. KRITIK

an klassisch-liberaler und österreichischer Ökonomik

7.1 Kritik an klassisch-liberaler Ökonomik

Die klassisch-liberale Wirtschaftslehre, die ihre Wurzeln in den Werken von Adam Smith, David Ricardo und John Stuart Mill hat und von modernen Wissenschaftlern wie Milton Friedman, Thomas Sowell und George Stigler weiterentwickelt wurde, vertritt die Idee, dass freie Märkte, Wettbewerb und minimale staatliche Eingriffe den wirtschaftlichen Wohlstand und die individuelle Freiheit fördern. Trotz ihres großen Einflusses auf das moderne Wirtschaftsdenken sind die klassische liberale Wirtschaftslehre und ihre Politik im Laufe der Jahre auf erhebliche Kritik gestoßen. Diese Kritik bezieht sich auf theoretische Annahmen, praktische Implikationen und soziale Folgen und stellt die Tragfähigkeit und Fairness der klassisch-liberalen Wirtschaftsprinzipien in Frage. Eine Diskussion unterbleibt hier.

7.1.1 Kritik an der Annahme des rationalen Verhaltens

Die klassisch-liberale Wirtschaftslehre geht davon aus, dass Individuen rational handeln und Entscheidungen treffen, die ihren Nutzen maximieren. Kritiker wie Daniel Kahneman und Amos Tversky haben mit Hilfe der Verhaltensökonomie gezeigt, dass diese Annahme zu einfach ist und der Komplexität des menschlichen Verhaltens nicht gerecht wird. Sie haben argumentiert, dass Menschen aufgrund von kognitiven Verzerrungen, begrenzten Informationen und emotionalen Faktoren oft irrationale Entscheidungen treffen. Für die politische Sphäre hat das auf eigene Weise der libertäre Ökonom Bryan Caplan mit «Myth of the Rational Voter: Why Democracies Choose Bad Policies» (2007) untersucht.

7.1.2 Vernachlässigung des Marktversagens

Die klassisc-liberale Wirtschaftslehre geht für Kritiker davon aus, dass freie Märkte zu optimalen Ergebnissen führen. Jedoch weisen Joseph Stiglitz und Paul Krugman beispielsweise auf zahlreiche Fälle von sogenanntem Marktversagen hin, bei denen unregulierte Märkte nicht zu gesellschaftlich wünschenswerten Ergebnissen führen. Beispiele hierfür sind externe Effekte (z. B. Umweltverschmutzung), öffentliche Güter (z. B. Landesverteidigung) und Informationsasymmetrien (z. B. im Gesundheits- und Finanzwesen). Diese Versäumnisse machen nach Ansicht der beiden Nobelpreisträger ein Eingreifen des Staates erforderlich, um Ineffizienzen zu korrigieren und das öffentliche Wohlergehen zu gewährleisten. Staatsversagen wird in diesem Zusammenhang indes nicht thematisiert und auch nicht die Frage, ob es tatsächlich bessere Lösungen (Pareto-optimal) gibt.

7.1.3 Einkommensungleichheit

Kritiker argumentieren, dass das liberale Wirtschaftssystem von Natur aus diejenigen begünstigt, die von Anfang an im Vorteil sind, wodurch Ungleichheit fortbesteht und soziale Mobilität eingeschränkt wird. Wissenschaftler wie Thomas Piketty haben auf empirische Untersuchungen gestützt argumentiert, dass die Konzentration von Reichtum und Macht in den Händen einiger weniger politische Prozesse verzerren und demokratische Institutionen untergraben kann, was für sie die Vorstellung in Frage stellt, dass freie Märkte von Natur aus zu fairen und gerechten Ergebnissen führen. Was fair und gerecht ist, kann indes je nach Weltanschauung unterschiedlich ausfallen.

7.1.4 Statische Effizienz vs. dynamische Effizienz

Der klassische Liberalismus legt den Schwerpunkt auf statische Effizienz, bei der die Ressourcen so zugeteilt werden, dass der unmittelbare Output maximiert wird. Kritiker argumentieren jedoch, dass so die dynamische

Effizienz vernachlässigt wird, die sich auf langfristiges Wachstum und Innovation bezieht. Übermäßiger Wettbewerb kann von langfristigen Investitionen in Forschung und Entwicklung abhalten, da sich Unternehmen auf kurzfristige Gewinne konzentrieren. Außerdem bieten unregulierte Märkte möglicherweise keine ausreichenden Anreize für Investitionen in öffentliche Güter wie Bildung und Infrastruktur, die für ein nachhaltiges Wirtschaftswachstum entscheidend sind. Was öffentliche Güter sind, ist wiederum umstritten, deren Bereitstellung durch den Staat ebenfalls.

7.1.5 Kritik an klassisch-liberaler Wirtschaftspolitik

Deregulierung und Finanzkrisen: Kritiker bringen die Deregulierung der Finanzmärkte mit schweren Finanzkrisen in Verbindung, wie z. B. die globale Finanzkrise von 2008. Übermäßige Risikobereitschaft, Spekulationsblasen und systemische Instabilität würden durch Deregulierung möglich. Wissenschaftler wie Hyman Minsky wollen eine inhärente Instabilität der Finanzmärkte bei Deregulierung dokumentiert haben.

Privatisierungsbedenken: Privatisierung kann zu monopolistischen Praktiken, geringerer Dienstleistungsqualität und höheren Kosten für die Verbraucher führen. Grundlegende Dienstleistungen wie Wasser, Gesundheitsversorgung und Bildung seien aufgrund von Gewinnstreben besonders gefährdet.

Handelsliberalisierung: Branchen, die dem internationalen Wettbewerb ausgesetzt sind, können schrumpfen oder abwandern, was Arbeitsplatzverluste und regionale wirtschaftlichen Ungleichgewichte zur Folge haben kann. Dani Rodrik hat z. B. analysiert, wie die globale Handelspolitik zu lokalen wirtschaftlichen Problemen führen kann.

Sparmaßnahmen: Reduzierte Staatsausgaben und Haushaltsdefizite können für Kritiker kontraproduktiv sein, insbesondere in Zeiten des wirtschaftlichen Abschwungs, mit verringerter Gesamtnachfrage und zunehmender Arbeitslosigkeit sowie sozialen Unruhen. Wissenschaftler wie Mark Blyth haben die Austeritätspolitik wegen negativer sozialer und wirtschaftlicher Auswirkungen kritisiert.

Soziale Wohlfahrt: Kritiker bemängeln, dass eine klassisch-liberale Wirtschafts- und Sozialpolitik systembedingte Ungleichheiten nicht berücksichtigt und viele Menschen ohne angemessene Unterstützung zurücklässt. Der Abbau sozialer Sicherheitsnetze kann die Armut verschärfen, den sozialen Zusammenhalt verringern und das Gesundheits- und Bildungswesen untergraben. Amartya Sen und Martha Nussbaum haben die Bedeutung der Sozialpolitik für die Förderung menschlicher Fähigkeiten und eine gerechte Entwicklung hervorgehoben.

7.2 Kritik an der österreichischen Schule der Nationalökonomie

Die österreichische Schule der Nationalökonomie hat mit ihrer Betonung des methodologischen Individualismus, des Subjektivismus und der Rolle des Unternehmertums das ökonomische Denken geprägt. Sie ist jedoch von verschiedenen Wissenschaftlern stark kritisiert worden. Einige herausragende Kritikpunkte werden herausgegriffen, ohne sie zu diskutieren.

Einen zugänglichen, wenn auch nicht hinreichenden Vergleich der beiden Schulen Chicago und Wien bietet Mark Skousen: *Vienna & Chicago, Friends or Foes?: A Tale of Two Schools of Free-Market Economics* (2005).

7.2.1 Methodologischer Individualismus und Praxeologie

Der klassisch-liberale Nobelpreisträger Milton Friedman gehört zu den prominenten Kritikern, die die österreichische Methodologie in Frage stellen. Friedman vertrat die Ansicht, dass die Gültigkeit wirtschaftlicher Theorien nach ihrer Vorhersagegenauigkeit und nicht nach ihrer theoretischen Reinheit beurteilt werden sollte. Er kritisierte, dass sich die Österreicher auf apriorische Überlegungen stützten und empirische Methoden ablehnten. Friedman zufolge besteht der wissenschaftliche Ansatz in der Wirtschaftswissenschaft darin, Hypothesen zu formulieren und sie anhand von Daten aus der realen Welt zu testen. Die österreichische Methode, die eine empirische Überprüfung scheut, werde diesem Standard nicht gerecht, was ihre Akzeptanz in breiteren Kreisen einschränkt.

Paul Samuelson, eine Schlüsselfigur in der Entwicklung der modernen Wirtschaftswissenschaften, kritisierte ebenfalls die österreichische Methodik. Samuelson hob die Bedeutung der mathematischen Modellierung und Ökonometrie für die Weiterentwicklung der Wirtschaftstheorie hervor. Er argumentierte, dass die österreichische Ablehnung dieser Instrumente zu einem Mangel an Präzision und analytischer Strenge führt. Die Unfähigkeit, österreichische Theorien zu quantifizieren und empirisch zu testen, mache sie für politische Analysen und Wirtschaftsprognosen weniger nützlich.

7.2.2 Konjunkturtheorie

Die österreichische Konjunkturtheorie (*Austrian Business Cycle Theory*, ABCT) war einflussreich, wird jedoch stark kritisiert. John Maynard Keynes und seine Anhänger vertraten eine gegenteilige Auffassung über die Ursachen von Konjunkturzyklen: Schwankungen der Gesamtnachfrage und nicht monetäre Faktoren seien die Hauptursache für wirtschaftliche Auf- und Abschwünge. Er kritisierte die ABCT für ihre vereinfachende Sicht auf die Zinssätze und ihr Versagen, die Komplexität der makroökonomischen Dynamik zu berücksichtigen.

Vor dem Zweiten Weltkrieg hatte zudem ein den Österreichern nahestehender Ökonom, Gottfried Haberler, in seiner Studie über Ursachen von Konjunkturschwankungen die ABCT als lediglich eine, partielle Theorie neben anderen aufgeführt. Wilhelm Röpke vertrat einen Mittelweg zwischen Keynes und Hayek.

Paul Krugman, ein keynesianischer und samuelsianischer Nobelpreisträger, ist ebenfalls ein lautstarker Kritiker der ABCT. Krugman argumentiert, dass die österreichische Theorie die Ursachen wirtschaftlicher Schwankungen zu sehr vereinfacht und wichtige Aspekte wie das Verbraucherverhalten und die Finanzpolitik vernachlässigt. Er weist darauf hin, dass es in Zeiten des wirtschaftlichen Abschwungs zu längeren Phasen hoher Arbeitslosigkeit und unzureichend genutzter Ressourcen führen kann, wenn man einfach dem Markt erlaubt, sich selbst zu korrigieren, wie es die Österreicher vorschlagen. Krugman betont die Notwendigkeit aktiver fiskalischer und monetärer Interventionen des Staates zur Stabilisierung der Wirtschaft, eine Haltung, die den österreichischen Rezepten direkt entgegensteht.

7.2.3 Debatte über wirtschaftliche Kalkulation

Die Debatte über das ökonomische Kalkül, vor allem zwischen Ludwig von Mises und sozialistischen Ökonomen wie Oskar Lange, war ein Eckpfeiler der österreichischen Kritik. Oskar Lange vertrat die Ansicht, dass eine sozialistische Wirtschaft die Marktbedingungen durch Versuch und Irrtum simulieren könne, indem sie eine zentrale Planung zur Festsetzung der Preise und zur effektiven Zuteilung der Ressourcen einsetzt. Dieses aus österreichischer Sicht grundsätzliche Unverständnis der Marktwirtschaft als vermeintlich verbesserte Staatswirtschaft kam mit Fortschritten in der Computertechnologie und mit hohen Erwartungen an KI erneut auf.

7.2.4 Kritik an der Kapitaltheorie

Die österreichische Kapitaltheorie, insbesondere die Arbeit von Eugen von Böhm-Bawerk, wurde ebenfalls kritisch beäugt. Frank Knight, ein einflussreicher Vertreter der Chicago School of Economics, kritisierte Böhm-Bawerks Theorie wegen ihrer übermäßigen Konzentration auf die Zeitpräferenz und ihrer Vernachlässigung von Unsicherheit und Risiko. Knight argumentierte, dass Investitionsentscheidungen in der realen Welt von einer breiteren Palette von Faktoren beeinflusst werden, einschließlich der Unsicherheit und der unternehmerischen Risikobewertung, die im österreichischen Rahmen nicht angemessen erfasst werden.

Piero Sraffa lieferte in seiner Rezension von Hayeks Werk eine starke Kritik an der österreichischen Kapitaltheorie. Sraffa argumentierte, dass das österreichische Konzept der «durchschnittlichen Produktionsdauer» schlecht definiert ist und es ihm an praktischer Anwendbarkeit mangelt. Er wies nach, dass die Vorstellung einer einzigen, messbaren Produktionsperiode in einer komplexen Wirtschaft mit vielfältigen Produktionsprozessen und unterschiedlichen Graden der Kapitalintensität nicht haltbar ist.

7.2.5 Einfluss und Marginalisierung

Obwohl die österreichische Schule bemerkenswerte Beiträge geleistet hat, haben ihre methodischen und empirischen Einschränkungen zu ihrer Marginalisierung innerhalb der Wirtschaftswissenschaften geführt. Der Nobelpreisträger Joseph Stiglitz hat die Bedeutung der Einbeziehung von Informationsasymmetrien und Marktunvollkommenheiten in Wirtschaftsmodelle hervorgehoben, Bereiche, in denen die österreichische Ökonomie oft als unzureichend angesehen wird.

Robert Solow, ein weiterer Nobelpreisträger, kritisierte die österreichische Schule für ihre Zurückhaltung, sich mit den gängigen wirtschaftlichen Instrumenten und Methoden auseinanderzusetzen. Solow argumentierte, dass die österreichische Konzentration auf theoretische Reinheit und deduktives Denken oft auf Kosten der praktischen Relevanz und empirischen Validierung gehe. Dies hat den Einfluss der Schule auf die zeitgenössische Wirtschaftspolitik und -forschung eingeschränkt.

Einige Vertreter der österreichischen Schule befürworten eine Weiterentwicklung der (staats)politischen Positionen insbesondere angelehnt an Murray Rothbard und den Anarchokapitalismus. Damit haben sie sich, wie mit unterkomplexen Dogmen, aus dem öffentlichen Diskurs weitgehend verabschiedet und erreichen vor allem überzeugte Anhänger. Grundsätzlich gilt, dass Theorien und Modelle, die sich nicht testen lassen, wenig Chancen in der Mainstream-Wissenschaft und führenden Journals haben und auch wenig aussagen.

Hinzufügen lässt sich, dass Entscheidungsträger Vorschläge für konkrete politische Maßnahmen erwarten. Wer für Zurückhaltung, für nichts tun plädiert, hat prinzipiell schlechtere Karten.

7.2.6 Beitrag zur Marktprozesstheorie und politischen Ökonomie

Trotz gewichtiger Kritik hat die österreichische Wirtschaftswissenschaft einen wichtigen Beitrag zum Verständnis von Marktprozessen und der Rolle des Unternehmertums geleistet. Hayek erhielt den Nobelpreis. Israel Kirzners Arbeit über die Entdeckung des Unternehmertums hat z. B. den wirtschaftlichen Diskurs bereichert, indem er die Bedeutung der Wachsamkeit gegenüber Chancen und die dynamische Natur der Märkte hervorhob. Kirzners Einblicke in die Art und Weise, wie Unternehmer Marktprozesse vorantreiben und Angebot und Nachfrage ins Gleichgewicht bringen, waren einflussreich, selbst bei Kritikern der österreichischen Methodologie.

Der Nobelpreisträger James Buchanan, eine Schlüsselfigur der Public-Choice-Theorie, erkannte die österreichische Betonung der individuellen Wahlmöglichkeiten und des Subjektivismus an. Buchanan vertrat die Ansicht, dass diese Grundsätze für das Verständnis der Komplexität der politischen Ökonomie und der Rolle der einzelnen Akteure bei der Gestaltung der wirtschaftlichen Ergebnisse von wesentlicher Bedeutung sind. Seine Arbeit, auch als Virginia School bezeichnet, zeigt, dass österreichische Ideen in ein breiteres wirtschaftliches Rahmenwerk integriert werden können, um Fragen im Zusammenhang mit staatlichen Eingriffen und der Gestaltung von Institutionen zu behandeln.

7.2.7 Fortwährende Relevanz

Obwohl die österreichische Volkswirtschaftslehre innerhalb der Mainstream-Ökonomie an den Rand gedrängt wurde, findet sie weiterhin eine engagierte Anhängerschaft. Ihre Prinzipien haben libertäre und marktwirtschaftliche Bewegungen beeinflusst, und ihre Kritik an Zentralbankwesen und Geldpolitik bleibt in Diskussionen über Finanzkrisen und wirtschaftliche Stabilität relevant. Die österreichische Betonung der unbeabsichtigten Folgen staatlicher Eingriffe und der Bedeutung der Wahrung individueller Freiheiten findet in den heutigen wirtschaftspolitischen Debatten Widerhall. Die Anzahl der Forscher und Publikationen im Bereich der österreichischen Wirtschaftstheorie wächst stark und thematisch breit. Dieser Teil der Bewegung wird nicht mehr als marginal betrachtet.

In der Betriebswirtschaftslehre besteht einerseits noch österreichisches Innovations- und Anwendungspotenzial, andererseits wird der Einfluss stark begrenzt bleiben. Die Masse der BWL-Themen, darunter Steuern, Kostenrechnung, Buchführung, Produktion, Controlling, Personal wird hinreichend konventionell abgedeckt.

Die strategische Managementtheorie könnte für österreichische Impulse offen sein. Das gilt für Themen wie Förderung von und Bedingungen für Innovationen, Ungleichgewichte als Normalfall, die Heterogenität des Unternehmenserfolgs statt empirische Gesetzmäßigkeiten oder formaler Optimalzustände sowie für die Bedeutung intangibler Ressourcen und schwer beobachtbarer Faktoren. Das übergeordnete Themenfeld ist das kontinuierliche Ringen von Unternehmen um Wettbewerbs- und Ressourcenvorteile, die temporär sind und höhere Rentabilität generieren. Das fordert Wettbewerber zur Imitation und Innovation auf. Ein erfolgreiches (strategisches) Management kann, inspiriert vom der österreichischen Weltanschauung ein Erfolgsfaktor sein, um materielle und immaterielle Ressourcenvorteile aufzubauen.

Bescheidenheit: Einige Vertreter der österreichischen Schule erwecken den Eindruck, nur die reine österreichische Lehre könne die Welt erklären und verbessern. Grundsätzlich gilt methodisch indes, dass eine sozialwissenschaftliche Theorie nicht allumfassend sein kann, weil sie entweder zu generell und abstrakt oder zu sehr auf Details konzentriert ist, wodurch Einzelfragen nicht hinreichend behandelt werden. Eine Theorie kann daher nicht allumfassend, akkurat und einfach zugleich sein. Unterschiedliche Paradigmen und Perspektiven erklären unterschiedliche Aspekte und erhellen unser Verständnis. Bescheidenheit ist daher auch in diesem Zusammenhang eine Tugend.

8. QUELLEN

für weitere Untersuchungen

aus Sicht der klassisch-liberalen und der österreichischen Schule

8.1 Schlüsseltexte klassisch-iberaler und österreichischer Denker

8.1.1 Einführung in die klassisch-liberale und österreichische Literatur

Dieses Kapitel dient als Leitfaden für Schlüsseltexte, die die Grundlage des klassischen liberalen und österreichischen Wirtschaftsdenkens bilden. Indem wir die Werke einflussreicher Denker thematisieren, bieten wir den Lesern eine Liste bahnbrechender Texte, hier Bücher, keine Aufsätze, die sich mit den Grundsätzen wirtschaftlicher Freiheit, freier Märkte und individueller Freiheit und deren Bedrohung befassen.

8.1.2 Adam Smith: «Wohlstand der Nationen» (1776)

Wir beginnen mit Adam Smiths Hauptwerk «Der Wohlstand der Nationen». Dieses bahnbrechende Werk legte den Grundstein für die klassische Wirtschaftswissenschaft, indem es die unsichtbare Hand des Marktes, die Arbeitsteilung und die Rolle des Eigeninteresses bei der Förderung des wirtschaftlichen Wohlstands für alle betonte. Zugleich sollte das weniger bekannte, aber ebenso bedeutende zweite große Werk nicht in Vergessenheit geraten: «Die Theorie der ethischen Gefühle» (1759).

8.1.3 John Stuart Mill: «Über die Freiheit» (1859)

John Stuart Mills «Über die Freiheit» ist ein klassischer Essay, der für individuelle Freiheit und begrenzte staatliche Eingriffe plädiert. Indem er die Grundsätze des Utilitarismus erforscht, argumentiert Mill, der beste ökonomische Denker seiner Zeit, für die Bedeutung der persönlichen Autonomie und des freien Austauschs von Ideen, für moralische und ökonomische Freiheit gegenüber dem souveränen Staat.

8.1.4 Friedrich Hayek: «Der Weg zur Knechtschaft» (1944)

Friedrich Aungust von Hayeks «Der Weg zur Knechtschaft» ist eine starke Kritik zentraler Planung und der Idee des Sozialismus sowie eine bis heute viel gelesene Verteidigung der individuellen Freiheit. Hayek warnt vor den Gefahren des Kollektivismus und plädiert für den Erhalt der individuellen Freiheiten angesichts zunehmender staatlicher Eingriffe und totalitärer Systeme in Europa.

8.1.5 Ludwig von Mises: «Human Action» (1949)

Ludwig von Mises' «Human Action» ist die zentrale Abhandlung über Praxeologie und die Grundlagen der österreichischen Wirtschaftslehre mit dem *Homo agens* im Mittelpunkt. Mises untersucht die Rolle des menschlichen Handelns, der Marktprozesse und des Preismechanismus bei der Gestaltung wirtschaftlicher Phänomene.

8.1.6 Murray Rothbard: «Mensch, Wirtschaft und Staat» (1962)

Rothbard baut auf den Ideen von Mises auf und untersucht die Prinzipien des Individualismus, der freien Märkte und die ethischen Grundlagen einer Laissez-faire-Gesellschaft. In seinem Werk argumentiert er detailliert gegen staatliche Eingriffe in die Wirtschaft und betont die Bedeutung von freiwilligen Interaktionen und Verträgen für Wohlstand und Freiheit. Rothbard kritisiert staatliche Monopole und regulative Maßnahmen, die seiner Ansicht nach den natürlichen Marktmechanismen und dem individuellen Handeln entgegenstehen

8.1.7 Milton Friedman: «Kapitalismus und Freiheit» (1962)

Milton Friedmans «Kapitalismus und Freiheit» ist eine klassische Verteidigung der Prinzipien der freien Marktwirtschaft, die sich an ein breiteres Publikum richtet. Friedman untersucht die Beziehung zwischen wirtschaftlicher und politischer Freiheit und plädiert für eine begrenzte Regierung und die Tugenden des Wettbewerbskapitalismus.

8.1.8 Ayn Rand: «Atlas Shrugged» (1957)

Ayn Rands «Atlas Shrugged» ist zwar keine wirtschaftliche Abhandlung, aber ein philosophischer Roman, der sich für Individualismus und den Kapitalismus der freien Marktwirtschaft einsetzt. Rands objektivistische Philosophie durchdringt die Erzählung und unterstreicht die Bedeutung des rationalen Eigeninteresses. Ayn Rand wird vor allem in den USA viel gelesen und deshalb hier erwähnt.

8.1.9 Henry Hazlitt: «Economics in One Lesson» (1946)

Henry Hazlitts «Economics in One Lesson» bietet einen prägnanten und leicht zugänglichen Überblick über die wirtschaftlichen Grundsätze aus einer klassisch-liberalen, österreichischen Perspektive. Hazlitt veranschaulicht die unbeabsichtigten Folgen der Wirtschaftspolitik und betont, wie wichtig es ist, die langfristigen Auswirkungen für alle und nicht nur eine Gruppe zu berücksichtigen. Die Einführung in gute und schlechte Wirtschaftspolitik.

8.1.10 Israel Kirzner: «Wettbewerb und Unternehmertum» (1973)

Israel Kirzners «Competition and Entrepreneurship» befasst sich mit der österreichischen Perspektive auf Unternehmertum und Marktprozesse. Kirzner untersucht, wie Unternehmer Innovationen vorantreiben und zur Koordinierung von Ressourcen in einem dynamischen Markt beitragen.

8.1.11 Faustino Ballvé: «Essentials in Economics» (1956)

Klar, kurz und (scheinbar) einfach ist die Einführung in die Volkswirtschaftslehre des spanisch-mexikanischen Juristen und Ökonomen Faustino Ballvé. 10 Lektionen bieten in diesem Leitfaden Einsichten in die Grundprinzipien des Marktes, die Rolle des Entrepreneurs, in Kapital und Arbeit, Geld und Kredit und weitere Themen wie Monopole, Krisen und Arbeitslosigkeit, den internationalen Handel aus österreichischer Sicht.

8.1.12 Ludwig von Mises: «Der Wert der besseren Ideen»

1959 hielt Ludwig von Mises eine Reihe von Vorlesungen in Buenos Aires. Das Land war reif für neue Ideen. Die Zuhörer wussten kaum etwas über individuelle Freiheit und freie Marktwirtschaft. Die meisterhaften Vorlesungen über Kapitalismus, Sozialismus, Interventionismus, Inflation, Auslandsinvestitionen sowie Politik und Ideen erläutern allgemeinverständlich die Funktionsweise einer freien Wirtschaft und das Denken ihre Gegner.

8.1.13 Rahim Taghizadegan: «Wirtschaft wirklich verstehen» (2011)

Der kompakte Band enthält alles, was man an Grundlagenwissen benötigt, um wirtschaftliche Abläufe grundsätzlich und im Alltag zu verstehen. Von Werten und Kosten über Handel und Märkte, Arbeit Zinsen, Unternehmer und Geld bis zu Regulierung und Steuern reicht das behandelte Spektrum. Eine Quintessenz der Lektüre könnte mit den Worten des Wirtschaftsphilosophen lauten: «Wirtschaft wird so als ein dynamischer Prozess von Entdeckungen und Entscheidungen verstanden.»

8.1.14 «The Economic Way of Thinking» (2014)

Das jahrzehntelang bewährte Studienbuch mit zahlreichen veränderten Auflagen über ökonomisches Denken von Paul Heyne, Peter Boettke, David Prychitko ist die österreichische Einführung in die Wirtschaftswissenschaften. Im Mittelpunkt steht die ökonomische Denkweise, das Bemühen, Studenten durch Anwendungen und Beispiele wie ein Ökonom denken zu lassen und bestimmte (intuitive) Denkweisen zu vermeiden.

8.1.15 Thomas Sowell: «Basic Economics» (2000)

Ohne Fachjargon oder komplizierte mathematische Modelle stellt Thomas Sowell ökonomische Konzepte durch reale Beispiele und einleuchtende Erklärungen dar, so dass es auch Laien verstehen. Sowell legt besonderen Wert darauf, die konkreten Auswirkungen wirtschaftlicher Entscheidungen und politischer Maßnahmen auf den Alltag der Menschen zu erläutern. «Basic Economics» vermittelt ein tiefes Verständnis dafür, wie ökonomische Prinzipien in der realen Welt funktionieren und wie sie sich auf Gesellschaft und Politik auswirken. Ein Augenöffner.

8.1.16 Arnold Kling: «Learning Economics» (2004)

Eine Einführung in die Wirtschaftswissenschaften, die darauf zielt, den Leser nicht nur mit theoretischen Konzepten, sondern auch mit der Anwendung ökonomischen Denkens in realen Kontexten vertraut zu machen. Kling setzt sich dafür ein, dass ökonomisches Wissen durch den Umgang mit konkreten Problemen und Situationen erlernt wird, anstatt sich nur auf abstrakte Modelle zu stützen. Das Buch stellt die Dynamik und Komplexität der Wirtschaft auf verständliche Weise dar und Leser ermutigt, kritisch über wirtschaftliche Zusammenhänge nachzudenken.

8.1.17 Herbert Hax: «Unternehmen in der Marktwirtschaft» (2004)

Die Einführung in die Marktwirtschaft aus der Perspektive von Unternehmen: «Das Grundprinzip der Marktwirtschaft ist: Wenn die geeigneten Rahmenbedingungen gegeben sind, führen die vom Erwerbsziel geleiteten Aktivitäten der Unternehmen zu einem Ergebnis, das, an den Maßstäben des Gemeinwohls gemessen, insbesondere an der Güterversorgung der Konsumenten, der bestmöglichen Nutzung aller verfügbaren Ressourcen entspricht.» Der sachliche Überblick informiert über die Rolle, Bedeutung und Funktionsweise von Unternehmen und Unternehmern in der Marktwirtschaft – von der Produktion über die Finanzierung bis zum Absatz und auch Interessenkonflikte in den Unternehmen sowie die Koordination von Menschen in komplexen Organisationsgefügen finden Beachtung; sie werden in einer vorzüglichen Verbindung von betriebswirtschaftlicher und volkswirtschaftlicher Perspektive miteinander verknüpft.

8.1.18 Saifedean Ammous: «Gesetze der Wirtschaft» (2024)

Der Untertitel «Menschliches Handeln und gesellschaftlicher Wohlstand» weist auf den liberalen, österreichischen Charakter der umfassenden und für interessierte Leser statt Fachwissenschaftler zugänglichen Einführung in die Wirtschaftswissenschaften hin.

Kennzeichen des Buches sind Klarheit und Verständlichkeit, da Ammous auf komplexe mathematische Modelle verzichtet und stattdessen auf klare Sprache und praxisnahe Beispiele setzt. Im Mittelpunkt stehen die Prinzipien, Methoden und Konzepte der Wirtschaft aus der Sicht der österreichischen Schule. Die abgedeckten Themen sind vielfältig, darunter Knappheit, Handel, Geld und Märkte sowie die Bedeutung von Eigentumsrechten für die Zivilisation. Theoretische Konzepte werden mit realen Beispielen verbunden. Der behandelte Stoff reicht für zwei Semester.

8.1.19 Empfohlene Lektüre zur weiteren Vertiefung

Die Literatur klassisch-liberaler und österreichischer Klassiker und moderner Fortsetzungen ist umfangreich. Erwähnt seien an dieser Stelle nur zwei Themen:

Die Ideengeschichte mit einer lesenswerten Darstellung herausragender Debatten von Lawrence H. White: «The Clash of economic ideas. The Great Policy Debates and Experiments of the Last Hundred Years» (2012) und außerdem exemplarisch Detmar Doering: Mythos Manchestertum. Ein Versuch über Richard Cobden und die Freihandelsbewegung (Positionspapier Liberal 2004).

Wissenschaftliche Aufsätze. Als der beste schlechthin gilt für Tyler Cowen Friedrich A. von Hayek: The Use of Knowledge in Society», der 1945 veröffentlicht wurde. Cowen lobt den Aufsatz für seine tiefgreifende Einsicht in die Funktionsweise von Märkten und die Bedeutung individueller Entscheidungen für die effiziente Allokation von Ressourcen. In eigener Sache seien die kompakten Darstellungen namhafter wissenschaftlicher Aufsätze genannt: «The Standards. Klassisch-liberale Aufsätze neu interpretiert» hg. v. Michael von Prollius (2014).

8.2 Websites und Online-Ressourcen

8.2.1 Einführung in die Online-Ressourcen

Dieser Abschnitt enthält eine Liste von Websites und Online-Communities, die sich mit dem klassisch-liberalen und österreichischen Wirtschaftsdenken befassen. Diese Institutionen können als Knotenpunkte dienen, um sich mit Gleichgesinnten auszutauschen, auf akademische Inhalte zuzugreifen und sich über aktuelle Diskussionen im Bereich der wirtschaftlichen Freiheit und der Ideologien der freien Marktwirtschaft auf dem Laufenden zu halten.

8.2.2 Econlib (econlib.org)

Die Library of Economics and Liberty (Econlib) ist eine Online-Ressource mit einer umfangreichen Sammlung von Artikeln, Büchern und Lehrmaterialien zur klassischen liberalen und österreichischen Wirtschaftslehre. Die Website bietet auch Podcasts, darunter EconTalk von Russ Roberts, und Essays, die vielfältige Inhalte zur intellektuellen Erkundung bereitstellen.

8.2.3 Stiftung für ökonomische Bildung (FEE) (fee.org)

FEE ist eine führende amerikanische Organisation, die sich für individuelle Freiheit, freie Märkte und Unternehmertum einsetzt. Ihre Website bietet eine Vielzahl von Artikeln, Videos und Bildungsressourcen, die ein tieferes Verständnis der klassischen liberalen Grundsätze fördern sollen. – Ein Schwerpunkt ist die Förderung schulischer Bildung.

8.2.4 Das Cato-Institut (cato.org)

Das Cato Institute ist eine Denkfabrik, die sich der Förderung libertärer Grundsätze verschrieben hat. Auf der Website des Cato-Instituts können Besucher auf Forschungsarbeiten, politische Analysen und Kommentare zu einer Vielzahl von Themen im Zusammenhang mit klassisch-liberalem Denken und öffentlicher Politik zugreifen. Dazu gehören auch Außen- und Sicherheitspolitik, die stets ökonomische Aspekte berührt.

8.2.5 Das Adam-Smith-Institut (adamsmith.org)

Das Adam-Smith-Institute mit Sitz in Großbritannien fördert marktwirtschaftliche Ideen und Politiken. Auf seiner Website finden sich Forschungspublikationen, Blogbeiträge und Veranstaltungen, die Einblicke in klassisch-liberale Perspektiven zu wirtschaftlichen und sozialen Themen bieten.

8.2.6 Mercatus Center (mercatus.org)

Das Mercatus Center, das der George Mason University angegliedert ist, konzentriert sich auf wissenschaftliche Themenfelder, die von der Außenpolitik bis zur Erkenntnistheorie reichen. Die Website bietet Zugang zu wissenschaftlichen Arbeiten, politischen Analysen und Veranstaltungen und ist damit eine wertvolle Quelle für alle, die sich für klassisch-liberale und österreichische ökologische Perspektiven interessieren.

8.2.7 Das Hayek-Programm an der George-Mason-Universität (hayekprogram.org)

Das Hayek-Programm an der George Mason University konzentriert sich auf die Förderung der Ideen von Friedrich Hayek und der österreichischen Wirtschaftswissenschaften. Die Website bietet Forschungsarbeiten, Veröffentlichungen und Informationen über Veranstaltungen und Programme im Zusammenhang mit der österreichischen Schule. Ein regelmäßiger Podcast gehört dazu.

8.2.8 Ludwig von Mises Institut (mises.org)

Das Ludwig von Mises Institute, Auburn, ist eine prominente Einrichtung, die sich der Förderung der österreichischen Wirtschaftswissenschaften und lbertärer Ideen verschrieben hat. Die Website bietet eine Fülle von Artikeln, Büchern und Multimedia-Ressourcen und ist eine zentrale Anlaufstelle für alle, die sich für die Grundlagen der österreichischen Schule interessieren. Die Ausrichtung ist libertär bis anarchokapitalistisch.

8.2.9 Das Liberale Institut, Schweiz (libinst.ch)

Das Liberale Institut in der Schweiz fördert die Prinzipien des klassischen Liberalismus, einschließlich individueller Freiheit, freier Märkte und begrenzter Regierung. Es bietet Forschung, Publikationen und Veranstaltungen an, um politische und wirtschaftliche Diskussionen für eine freie Gesellschaft zu führen und deren Wert zu verbreiten.

8.2.10 Flossbach von Storch Research Institut (flossbachvonstorch-researchinstitute.com/de)

Das Flossbach von Storch Research Institut konzentriert sich auf wirtschaftliche und finanzielle Forschung mit dem Ziel, komplexe Marktprozesse und deren Auswirkungen auf Anleger zu analysieren und verständlich zu machen. Es liefert unabhängige Studien und Publikationen, die auf empirischen Analysen und umfassender Datenrecherche basieren. Dazu gehören auch politische und politikökonomische Analysen.

8.2.11 Scholarium (scholarium.at)

Das Scholarium versteht sich als Bildungs- und Forschungsstätte, die sich auf das Studium der österreichischen Schule der Nationalökonomie und verwandter Disziplinen spezialisiert hat. Es bietet Kurse, Seminare und Publikationen sowie einen Salon an, um ein tiefes Verständnis für wirtschaftliche Prozesse und menschliches Handeln zu fördern. Aktuell zieht das Scholarium in die Schweiz um.

8.2.12 Prometheus (prometheusinstitut.de)

Prometheus ist ein deutsches Denkfabrik, die sich der Förderung von Freiheit und Verantwortung verschrieben hat, indem sie politische, ökonomische und gesellschaftliche Themen aus liberaler Perspektive beleuchtet. Das Institut setzt sich für Reformen ein, die auf marktwirtschaftlichen Prinzipien basieren und individuelle Freiheitsrechte stärken. Eine Bibliothek des Liberalismus und unterschiedliche Veranstaltungsformate gehören dazu.

8.2.13 Blogs, Podcasts und unabhängige Autoren

Entdecken Sie Blogs, Podcasts und unabhängige Denker, die zu Diskussionen über klassisch-liberale und österreichische Wirtschaftsideen beitragen, darunter:

▶ Coordinationproblem (coordinationproblem.org), ist vor allem als Archiv geeignet, da es seit einiger Zeit keine neuen Einträge mehr gibt. Es war die Heimat der Austrians und gilt inzwischen als liberales Kulturgut. Ähnliches gilt für die eher linksliberalen Bleeding Heart Libertarians (bleedingheartlibertarians.com).

▶ Cafe Hayek (cafehayek.com) von Don Boudreaux, früher zusammen mit Russ Roberts, bietet täglich Beiträge, darunter das Zitat des Tages und Leserbriefe mit angewandter Ökonomik und konsequenten Richtigstellungen alltäglicher Irrtümer und Ideologien sowie viele Literaturhinweise.

▶ Marginal Revolution (marginalrevolution.com) von Tyler Cowen vertritt eigenständige, reflektierte liberale, weniger österreichische Positionen und kann als politikökonomische Anlaufstelle für hochwertige Bildung dienen.

▶ EconTalk mit Russ Roberts (econtalk.org) ist der vielleicht führende Podcast für ökonomische Themen und inspirierende Diskussionen weit darüber hinaus.

▶ Hayek Program Podcast (mercatus.org/hayekprogram/ hayek-program-podcast) enthält Audios von Vorlesungen, Interviews und Diskussionen von Wissenschaftlern und Besuchern des F. A. Hayek-Programms für fortgeschrittene Studien in Philosophie, Politik und Wirtschaft am Mercatus Center.

▶ Portraits of Liberty (libertarianism.org/podcasts/portraits-liberty) untersucht das Leben und die Philosophien von Denkern, die sich im Laufe der Geschichte für eine freiere Welt eingesetzt haben und vielfach wenig bekannt sind.

▶ Wirtschaftliche Freiheit. Das ordnungspolitische Journal (wirtschaftlichefreiheit.de) veröffentlicht eher ordoliberale, teilweise auch dem Mainstream angenäherte politikökonomische Beiträge aus dem Bereichen Hochschule und Praxis.

▶ In eigener Sache: Forum Freie Gesellschaft (forum-freie-gesellschaft.de) bietet eine klassisch-liberale, österreichische Perspektive auf eine breite Themenpalette mit Artikeln und Rezensionen. Dazu gehört auch *Ein Liberales Manifest* von Michael von Prollius (2022).

8.3 Zeitschriften und Periodika in klassisch-liberaler und österreichischer Tradition

8.3.1 Einführung in Fachzeitschriften und Periodika

In diesem Abschnitt wird eine Auswahl akademischer Zeitschriften und Periodika vorgestellt, die sich an klassisch-liberalen und österreichischen Tradition orientieren. Diese Publikationen sind eine wertvolle Quelle für alle, die fundierte wissenschaftliche Diskussionen, Forschungsartikel und Analysen im Bereich der freien Marktwirtschaft und der individuellen Freiheit suchen.

8.3.2 Die Zeitschrift Review of Austrian Economics

The Review of Austrian Economics ist eine von Experten begutachtete Zeitschrift, die Artikel und Forschungsarbeiten veröffentlicht, die zur Weiterentwicklung des österreichischen Wirtschaftsdenkens beitragen. Die Zeitschrift deckt ein breites Spektrum an Themen ab, darunter methodische Fragen, Wirtschaftstheorie und Anwendungen der österreichischen Wirtschaftswissenschaften.

8.3.3 The Quarterly Journal of Austrian Economics

The Quarterly Journal of Austrian Economics konzentriert sich auf die österreichische Ökonomik und verwandte Themen und enthält wissenschaftliche Artikel, Rezensionen und Diskussionen. Es bietet eine Plattform für Forscher und Denker, um verschiedene Facetten der österreichischen Wirtschaftstheorie und ihrer Anwendungen zu erforschen.

8.3.4 Independent Review

The Independent Review ist eine interdisziplinäre Zeitschrift, die wirtschaftliche, politische und kulturelle Themen aus einer klassisch-liberalen Perspektive behandelt. Sie veröffentlicht Artikel, die Politik, Institutionen und gesellschaftliche Trends kritisch analysieren und ist damit eine umfassende Quelle für Leser, die sich auf wissenschaftlichem Niveau, aber mit kompakt Aufsätzen, für klassisch-liberale Perspektiven interessieren.

8.3.5 The Freeman: Ideen zur Freiheit

The Freeman, herausgegeben von der Foundation for Economic Education (FEE), bietet Artikel und Essays, die sich mit klassischen liberalen Prinzipien, freier Marktwirtschaft und individueller Freiheit beschäftigen. Der Inhalt ist für ein breites Publikum zugänglich, das sich für das Verständnis und die Förderung der Freiheit interessiert.

8.3.6 Journal of Private Enterprise

Das Journal of Private Enterprise konzentriert sich auf die Schnittstelle zwischen Wirtschaft und Privatwirtschaft. Es veröffentlicht Forschungsarbeiten zu Themen im Zusammenhang mit freien Märkten, Unternehmertum und der Rolle privater Institutionen bei der Förderung der wirtschaftlichen Entwicklung.

8.3.7 Economic Affairs

Economic Affairs, die Zeitschrift des Institute of Economic Affairs (IEA), behandelt eine Reihe von wirtschaftlichen und politischen Themen aus einer klassisch-liberalen Perspektive. Sie enthält Artikel, Rezensionen und Analysen, die zum Verständnis der Grundsätze der freien Marktwirtschaft beitragen.

8.3.8 Cato Journal

Das Cato Journal, das vom Cato Institute herausgegeben wird, ist eine multidisziplinäre Zeitschrift, die ein breites Spektrum von wirtschaftlichen und politischen Themen abdeckt. Es enthält Forschungsartikel, politische Analysen und Rezensionen, die Erkenntnisse aus einer klassisch-liberalen und libertären Perspektive vermitteln.

8.3.9 Neue Perspektiven der politischen Ökonomie

New Perspectives on Political Economy ist eine interdisziplinäre Zeitschrift, die sich mit politischer Ökonomie, Public-Choice-Theorie und klassischen liberalen Ideen beschäftigt. Die in Prag zwei Mal pro Jahr erscheinende Zeitschrift enthält Forschungsartikel, Aufsätze und Rezensionen, die zum Verständnis wirtschaftlicher und politischer Institutionen beitragen.

8.3.10 Die Welt der Publikationen entdecken

Zum Abschluss möchte ich den Leser ermutigen, sich mit Neugier und Unterscheidungsvermögen in der Welt der wissenschaftlichen Publikationen und anderer Veröffentlichungen zu bewegen. Lassen Sie sich auf unterschiedliche Perspektiven ein, bewerten Sie kritisch die Forschung und nehmen Sie den intellektuellen Reichtum wahr, den klassisch-liberale und österreichische, aber auch andere Denkweisen bieten. Die intellektuelle Reise geht weiter und nie zu Ende.

9. GLOSSAR

der Schlüsselbegriffe
mit klassisch-liberalem und österreichischem Akzent

9.1 Einführung in Schlüsselbegriffe

Dieses Kapitel dient als einfaches Glossar, in dem einige Schlüsselbegriffe im Kontext der klassisch-liberalen und österreichischen Wirtschaftstradition definiert werden. Durch die Erläuterung der Begriffe, die von Denkern dieser Traditionen verwendet werden, erhalten Sie als Leser ein besseres Verständnis grundlegender Konzepte, die der freien Marktwirtschaft und der individuellen Freiheit zugrunde liegen.

9.2 Österreichische Ökonomik

9.2.1 Praxeologie:

Die Praxeologie, eine der österreichischen Ökonomik eigene Methodik, ist das Studium des menschlichen Handelns, das auf der Idee beruht, dass Individuen zielgerichtet Ziele verfolgen und sich zweckgerichtet verhalten.

9.2.2 Subjektivismus:

Die Überzeugung, dass Werte subjektiv sind und von Mensch zu Mensch variieren. Österreichische Ökonomen betonen die Rolle der subjektiven Präferenzen bei ökonomischen und allen anderen Entscheidungen.

9.2.3 Grenznutzen:

Die zusätzliche Zufriedenheit oder der zusätzliche Wert, der sich aus dem Konsum einer zusätzlichen Einheit eines Gutes oder einer Dienstleistung ergibt. Der Grenznutzen spielt in der österreichischen Wirtschaftsanalyse eine entscheidende Rolle und wurde in der Grenznutzenrevolution von Carl Menger mit entdeckt.

9.2.4 Zeitpräferenz:

Das Ausmaß, in dem Individuen gegenwärtige Güter und Dienstleistungen gegenüber zukünftigen bevorzugen. Die Zeitpräferenz ist wesentlich für das Verständnis von Zinssätzen und Investitionsentscheidungen.

9.2.5 Hayek'sches Dreieck:

Eine grafische Darstellung der Produktionsstruktur in einer Volkswirtschaft, die von Friedrich Hayek entwickelt wurde. Es veranschaulicht die Phasen der Produktion im Zeitablauf und hebt die Bedeutung der Zeit in wirtschaftlichen Prozessen hervor, ist allerdings veraltet.

9.3 Klassischer Liberalismus

9.3.1 Laissez-faire:

Eine Wirtschaftsphilosophie, die minimale staatliche Eingriffe in die Wirtschaft befürwortet und freie Märkte ohne staatliche respektive politische Einschränkungen zulässt.

9.3.2 Unsichtbare Hand:

Ein von Adam Smith eingeführtes Bild bzw. Konzept, das davon ausgeht, dass Individuen, die ihre eigenen Interessen verfolgen, durch Marktinteraktionen unbeabsichtigt zum allgemeinen Wohl der Gesellschaft beitragen.

9.3.3 Individualismus:

Die Betonung der Rechte, der Autonomie und der Eigenständigkeit des Individuums. Klassische Liberale betonen die Bedeutung der individuellen Freiheit und Verantwortung.

9.3.4 Spontane Ordnung:

Die Vorstellung, dass sich Ordnung auf natürliche Weise aus den unkoordinierten Handlungen des Einzelnen ergeben kann, ohne dass eine zentrale Planung erfolgt. Dies ist ein Schlüsselkonzept des klassischen liberalen Denkens. Ein systemtheoretischer Oberbegriff lautet Emergenz.

9.3.5 Rechtsstaatlichkeit:

Der Grundsatz, dass alle Personen, einschließlich der Regierungsbeamten, dem Gesetz unterworfen und ihm gegenüber rechenschaftspflichtig sind. Der Schwerpunkt liegt auf rechtlicher Kohärenz und Fairness.

9.4 Wirtschaftliche Konzepte

9.4.1 Freier Markt:

Ein Wirtschaftssystem, das durch freiwilligen Austausch zwischen Individuen ohne nennenswerte staatliche Eingriffe gekennzeichnet ist. Preise und Produktion werden durch Angebot und Nachfrage bestimmt.

9.4.2 Unternehmertum:

Der Prozess des Erkennens von Chancen und des Eingehens von Risiken, um Ressourcen zu schaffen, zu erneuern und zu organisieren, um wirtschaftliche Ziele zu verfolgen.

9.4.3 Kapitalismus:

Ein Wirtschaftssystem, das durch das Privateigentum an den Produktionsmitteln, den freiwilligen Austausch auf Märkten und das Streben nach Gewinn gekennzeichnet ist. Der Begriff Marktwirtschaft wird im deutschen Sprachraum vorgezogen.

9.4.4 Wettbewerb:

Die Rivalität zwischen Anbietern um Kunden. Die klassischen Liberalen betrachten den Wettbewerb als eine dynamische Kraft, die Effizienz und Innovation fördert, zugleich entmachtend wirkt.

9.4.5 Marktprozess:

Die Reihe miteinander verbundener Aktionen und Reaktionen, die als Entwicklung stattfinden und zur Festlegung von Preisen, zur Verteilung von Ressourcen sowie von Waren und Dienstleistungen führen.

9.5 Ethik und politische Philosophie

9.5.1 Selbsteigentum:

Der ethische Grundsatz, dass der Einzelne Eigentümer seiner selbst ist und das Recht hat, über seinen eigenen Körper, seine Handlungen und Entscheidungen zu bestimmen.

9.5.2 Das Prinzip der Nicht-Aggression:

Die ethische Haltung, dass die Anwendung von Gewalt oder Zwang von Natur aus falsch ist. Individuen sollten friedlich und freiwillig miteinander umgehen.

9.5.3 Begrenzte Regierung:

Die politische Philosophie, die für eine Regierung mit definierten und eingeschränkten Befugnissen eintritt, die sich auf den Schutz der individuellen Rechte und Freiheiten konzentriert.

9.5.4 Natürliche Rechte:

Rechte, die dem Menschen inhärent sind, oft als universell angesehen werden und nicht von der Anerkennung durch die Regierung abhängen. Klassische Liberale setzen sich für den Schutz der natürlichen Rechte ein.

9.6 Brückenkonzepte

9.6.1 Goldstandard:

Ein Währungssystem, in dem der Wert der Währung eines Landes direkt an eine bestimmte Menge Gold gebunden ist. Klassische Liberale plädieren häufig für den Goldstandard als Mittel zur Gewährleistung eines gesunden Geldes.

9.6.2 Gesundes Geld:

Eine Währung, die ihren Wert im Laufe der Zeit beibehält und inflationsresistent ist. Klassische Liberale und Österreicher betonen die Bedeutung von gesundem Geld für die wirtschaftliche Stabilität.

9.6.3 Vetternwirtschaft, Crony Capitalism:

Ein Begriff, der verwendet wird, um ein Wirtschaftssystem zu beschreiben, in dem Unternehmen durch enge Beziehungen zu Regierungsbeamten und nicht durch den Wettbewerb auf dem freien Markt florieren.

9.6.4 Rent-Seeking, Rentenstreben:

Das Streben nach Reichtum durch Aktivitäten, die keinen neuen Reichtum schaffen, sondern stattdessen vorhandenen Reichtum umverteilen, oft durch staatliche Begünstigung.

9.7 Schlussfolgerung

Dieses Glossar bietet eine einfache Grundlage für das Verständnis einiger Schlüsselbegriffe innerhalb der klassisch-liberalen und österreichischen Tradition. Die Vertrautheit mit diesen Begriffen verbessert und erleichtert das Verständnis der behandelten Ideen. Damit verbunden ist die Ermunterung der Leser, weiter zu forschen und sich in die reiche Vielfalt des klassischen liberalen und österreichischen Denkens zu vertiefen.

«Wenn du dir beide Seiten einer Geschichte anhörst, wirst du feststellen, dass es mehr als beide Seiten einer Geschichte gibt.» – *Frank Tyger*

«Systemdenken ist eine Disziplin, um das Ganze zu sehen. Es ist ein Rahmen, um Zusammenhänge statt Dinge zu sehen, um ‹Muster der Veränderung› statt ‹statische Momentaufnahmen› zu sehen.» – *Peter Senge*

«Denken Sie immer daran, dass alles, was Sie wissen und was alle wissen, nur ein Modell ist. Bringen Sie Ihr Modell nach draußen, wo es eingesehen werden kann. Laden Sie andere dazu ein, Ihre Annahmen zu hinterfragen und ihre eigenen hinzuzufügen.» – *Donella H. Meadows*

NACHBEMERKUNG

Der klassische Liberalismus und die österreichische Schule bieten Einsichten, um das Leben besser zu verstehen und mehr aus ökonomischem Denken – nicht zuletzt für das eigene Leben – zu machen. Das gilt nicht nur für die hier skizzierten wirtschaftswissenschaftlichen Themen. Die liberale Vielfalt reicht darüber hinaus und bietet Anknüpfungspunkte für politische, gesellschaftliche und kulturelle Themen, darüber hinaus auch für die persönliche Entwicklung und das menschliche Miteinander im Alltag. Anspruch der klassischen Liberalen und der Österreicher ist es, dass es allen Menschen besser gehen soll. Ihre Theorien, Konzepte und Methoden bieten gerade für die weniger Wohlhabenden Menschen erhebliches Wohlfahrtspotenzial. Die Kritik der regelmäßig antisozialen Geldpolitik (Cantillon-Effekt) ist ein Beispiel. Liberale und Österreicher warnen politikökonomisch fundiert vor Vermachtungen und vor dem Missbrauch der Menschen insbesondere durch Regierungen und Staatsführungen.

In ökonomischer Hinsicht hat weder der klassische Liberalismus noch die österreichische Schule das letzte Wort, geschweige denn können beide stets die beste Einsicht und Erklärung bieten. Ich kann empfehlen, möglichst unvoreingenommen und nach dem Erkenntniswert jeweilige Theorien, zudem Fallstudien, Modelle und Perspektiven zu nutzen und selbst zu suchen. Tyler Cowen kann als Beispiel eines solchen Ökonomen dienen.

Die Systemanalyse, auch systemische Analytik und Systemdenken, steht für tiefgreifende Analysen dynamischer Komplexität wie wir sie heute geradezu überall finden. Es handelt sich um ein anspruchsvolles, praxisorientiertes Denken und Analysieren.

DETAILLIERTE INHALTSGLIEDERUNG

2. Mikroökonomie 31

EDITION FORUM FREIE GESELLSCHAFT

Band 1

Helmut Krebs: *Klassischer Liberalismus. Die Staatsfrage – gestern, heute, morgen,* hg. von und mit einem Aufsatz von Michael von Prollius, Norderstedt 2014.

Band 2

Tomasz M. Froelich: *Bildungsvielfalt statt Bildungseinfalt. Bessere Bildung für alle ohne Staat,* Fürstenberg 2015.

Band 3

Dagmar Schulze Heuling: *Lob der Ungleichheit. Das Postulat der Gleichheit unter Legitimationsdruck,* Fürstenberg 2015.

Band 4

Helmut Krebs: *Sklerose. Leitbilder und Ideologien einer alternden Gesellschaft,* Fürstenberg 2015.

Band 5

Helmut Krebs und Michael von Prollius: *Mythos Anarchokapitalismus,* Fürstenberg 2015.

Band 6

Hubert Milz: *Geld. Eine kleine Ideengeschichte,* Fürstenberg 2020.